Max Friedrich Mann

Der Bestiaire divin des Guillaume le Clerc

Max Friedrich Mann

Der Bestiaire divin des Guillaume le Clerc

ISBN/EAN: 9783744618700

Hergestellt in Europa, USA, Kanada, Australien, Japan

Cover: Foto ©Thomas Meinert / pixelio.de

Weitere Bücher finden Sie auf **www.hansebooks.com**

FRANZÖSISCHE STUDIEN.

HERAUSGEGEBEN

VON

G. KÖRTING UND E. KOSCHWITZ.

VI. BAND. 2. HEFT.

DER

BESTIAIRE DIVIN

DES

GUILLAUME LE CLERC

VON

MAX FRIEDRICH MANN.

HEILBRONN.

VERLAG VON GEBR. HENNINGER.

1888.

INHALTSÜBERSICHT.

VORWORT.

Als ich im zweiten Studiensemester meinen hochverehrten
Lehrer, Herrn Prof. Ebert, in der ihm eigenen anziehenden und
gründlichen Weise beim Kapitel Philipp von Thaün über die Ent-
wickelung des Physiologus vortragen hörte, hatte ich den Plan
gefasst, das einschlägige Werk dieses Dichters nach der literar-
historischen Seite hin einer näheren Betrachtung zu unterziehen.
Die Resultate dieser Untersuchungen sind 1884 und später im
Druck erschienen. Seitdem habe ich den Physiologus nicht aus
den Augen verloren. Als Ergebnis weiterer Studien erscheint zunächst die vorliegende Abhandlung über den Bestiaire divin des
Guillaume, welche ein Seitenstück und eine Ergänzung zu den
eben angedeuteten Arbeiten sein soll, zugleich aber auch eine
Vorarbeit für eine kritische Ausgabe der Dichtungen Philipp's
und Guillaume's. Von diesem Gesichtspunkte erschien es mir
auch wünschenswert, diejenige lateinische Redaktion, welche ich
für eng verwandt mit Guillaume's Vorlage halte, in ihrem ganzen
Wortlaute zu veröffentlichen, da die bisher bekannt gegebenen,
abgesehen von geringerer Reichhaltigkeit, wie so vieles, was über
den Physiologus geschrieben worden ist, verhältnismässig wenig
zugänglich sind. — Die eingeflochtenen Bibelstellen nachzuweisen
habe ich mich eifrig bemüht; dass dies aber mir, dem Laien,
durchgehends gelungen sei, bezweifle ich selbst. Denn vielfach
fügen sie sich ganz zwanglos ohne Hinweis auf ihren Ursprung
dem Texte ein und dürften auch dem Berufenen teilweise sehr
schwer erkennbar sein, weil sie zumeist wohl nach dem Gedächtnisse wiedergegeben wurden und eben darum nicht selten verstümmelt sind. — Das Latein ,des Meisters' Physiologus steht
mit der classischen Grammatik auf gespanntem Fusse. Hierin

eine Änderung schaffen zu wollen, würde heissen, die Schrift eines wesentlichen Merkmales entkleiden. An wenigen Stellen, wo mir handgreifliche Irrtümer des Schreibers vorzuliegen schienen, habe ich meiner Meinung Ausdruck gegeben. In gleicher Weise bin ich bei den Proben aus dem Bestiaire divin vorgegangen.

Die Arbeit liegt in der Fassung vor, in welcher sie im Herbste 1885 bei der Redaktion der Französischen Studien eingereicht wurde. Abgesehen von Kleinigkeiten hätte ich auch heute nichts zu ändern; nur die Frage, ob „Fergus" Guillaume zuzuschreiben sei oder nicht, würde ich gern einer nochmaligen Prüfung unterzogen haben.

Zum Schluss ein Wort des Dankes für die freundliche Unterstützung, die ich gefunden; es gilt den königlichen Bibliotheken zu Kopenhagen und Dresden, der Bodleian Library und der Bibliothek des Merton College zu Oxford, dem British Museum zu London, der Universitätsbibliothek zu Leipzig, der Bibliothèque royale de Belgique und der Bibliothèque de la Ville de Lyon au Palais des Arts.

Am Todestage Kaiser Wilhelms.

Max Friedrich Mann.

I.

Guillaume's Leben und Werke.

A. Allgemeines über Leben und Werke.

Guillaume le Clerc aus der Normandie gehört wenn auch nicht zu den bedeutendsten, so doch zu den fruchtbarsten Dichtern des 13. Jahrhunderts. Eben diese Fruchtbarkeit hat ihm eine verhältnismässig aussergewöhnliche Beachtung zuteil werden lassen, da die Frage, welche Werke ihm alle zuzuschreiben seien, seit längerer Zeit vielfach erörtert worden ist.[1]) Während früher jedoch hierüber ziemliche Meinungsverschiedenheit herrschte, scheint mir durch die neuesten Untersuchungen von Adolf Schmidt (siehe Anm.) der Beweis erbracht zu sein, dass Guillaume als Verfasser der folgenden Werke anzusehen ist:

1. Bestiaire Divin.
2. Magdalenenlegende.
3. Les Joies Nostre Dame.
4. Besant de Dieu.
5. Les Treiz Moz.
6. La Vie de Tobie.

Seine Hauptwerke sind der Bestiaire Divin und der Besant de Dieu. Sie geben uns auch das wenige Sichere an, was wir über sein Leben wissen und was in den ausgezeichneten Abhandlungen von Martin und Adolf Schmidt schon dargelegt worden ist. Er nennt selbst im Eingange des Bestiaire Namen, Stand und Geburtsland, und es ist mit Sicherheit anzunehmen, dass er auf englischem Boden gelebt habe. Wann und wo er jedoch geboren und gestorben ist, erfahren wir nicht. Nur das ist gewiss, dass er 1211 den Bestiaire

---

[1]) Vgl. De la Rue, Essais Historiques sur les Bardes, les Jongleurs et les Trouvères Normands et Anglo-Normands. Caen 1834. III, 12 ff.

Amaury Duval, in: Histoire Littéraire. XIX, 654 ff. 1838.

Thomas Wright, Biogr. Brit. Lit. Anglo-Norman Period. 1846. S. 426 ff.

Victor le Clerc, in: Hist. Litt., XXIII, S. 114 und 254. 1856.

Arthur Dinaux, Jongleurs et Ménestrels du Nord de la France et du Midi de la Belgique. Bruxelles 1863. IV, 343 ff.

Ernst Martin, Le Besant de Dieu von Guillaume le Clerc de Normandie. Halle 1869. Einleitung.

Adolf Schmidt, Guillaume, le clerc de Normandie, insbesondere seine Magdalenenlegende. In: Boehmer, Romanische Studien, IV, 493 ff. Halle 1880

und gegen Anfang des Jahres 1227 den Besant geschrieben hat. In frühere Zeit fallen wahrscheinlich die übrigen Dichtungen. Im Besant erwähnt er noch, dass er eine seiner Deutungen vom Bischof Maurice de Sully empfangen habe. Hörte er ihn selbst, so muss er vor dessen Todesjahre, also vor 1196, in Paris gewesen sein. Durch die Jahre 1170 und 1230 dürfte sich demnach sein Leben am besten annähernd begrenzen lassen. — Guillaume selbst gehörte dem geistlichen Stande an, war aber zur Priesterwürde deshalb unfähig, weil er Frau und Kinder hatte. Seine Bildung ist als eine für seine Zeit nicht geringe zu bezeichnen. (Vgl. Martin a. a. O. S. XLII ff.)

B. Der Bestiaire Divin.

1. Art der Dichtung und Titel.

Guillaume's vornehmstes Werk, welches auch den Gegenstand unserer Untersuchung bildet, ist sein Bestiaire Divin. Es tritt uns in demselben, um es kurz zu sagen, ein Physiologus entgegen, und zwar in normannischer Mundart.

Was den Titel der Dichtung anlangt, so führen De la Rue (a. a. O. S. 17) und Duval (a. a. O. S. 660) dieselbe als „Li Bestiaire Divins" auf, offenbar also, wie sich aus der Sprachform ergiebt, auf Grund einer derartigen Benennung in einer der Handschriften. Dieses „Divins" aber ist nicht etwa gebraucht, um im Sinne von „Divina Commedia" die alles überragende Bedeutung des Werkes auszudrücken, sondern im Hinblick auf dessen geistlichen Inhalt. Der Titel „Bestiaire Divin(s)" dürfte jedoch kaum von Guillaume selbst herrühren, da alle mir bekannten Handschriften die Dichtung nur Bestiaire nennen, und der Text derselben keine andere Angabe aufweist. Da er sie aber gut charakterisiert und wesentlich scheidet von den Bestiarien rein naturgeschichtlichen Inhalts, so habe ich ihn um so lieber beibehalten, als er bereits in der Literaturgeschichte eingebürgert ist.

2. Handschriften.

Für die Beliebtheit des Bestiaire Divin spricht die grosse Zahl von Handschriften, die sich von ihm gefunden haben. Martin kennt deren (S. XXII f.) 12. Im Folgenden zähle ich dieselben auf Grund seiner Darstellung auf und werde seine Angaben auf Grund eigener Forschungen noch berichtigen und ergänzen. Die von Martin eingeführte Bezeichnung behalte ich bei.

I. Auf der Bibliothèque Nationale in Paris:

a. Ms. fr. 14 964, früher Suppl. fr. 660. Perg., klein 8°. Einspaltig, 28 Zeilen auf der Seite, Abbildungen. XIII. Jh.? Lückenhaft.[1]

---

[1] Vgl. Pannier, Les Lapidaires Français, in: Bibl. de l'École des Hautes Études. Fascicule 52, p. 234.

b. Ms. fr. 902, früher anc. f. 7268[8] a[8] und Colbert 3745. Perg., XIV. Jh., 4°. Jede Spalte von 46 Zeilen. Best. f. 136—159.[1]) c. Ms. fr. 25408, früher N. D. 278 bis. Aus dem XIII. und XIV. Jh., Best. 1260 geschrieben. Perg., klein 8°, zweispaltig, f. 63[b]—107.

d. Ms. fr. 1444, anc. f. 7534. Perg., gross 4°. 2 bis 3 Spalten zu je 40 Zeilen. Best. f. 240—256, unvollständig.

e. Ms. fr. 24428, früher N. D. 193. Perg., XIV. Jh., 4°. 2 Spalten zu je 35 Zeilen, Abbildungen. Best. f. 54—78 (79). (Vgl. Pannier a. a. O. S. 234.)

f. Ms. fr. 14970, früher Suppl. fr. 682/23. Perg., XIV. Jh., 8°. 2 Spalten zu je 32 Zeilen, Abbildungen. Best. f. 1—85[b]. (Vgl. Pannier, S. 235.)

g. Ms. fr. 14969, früher Suppl. fr. 632/25. Gegenwärtig „en déficit". (Vgl. Pannier, S. 232.)

h. Ms. fr. 20046, früher S. Germ. 1985 (Coislin. 2738). Geschrieben 1338. Perg., 8°. 40 Blätter, 2 Spalten zu je 32 Zeilen. Best. endigt f. 36[b]. Stimmt mit b überein.

II. Im British Museum zu London:

i. Ms. Reg. 16 E. VIII. Perg., XIII. Jh., 8°. Ungenügend beschrieben von Casley[2]), dann ausführlich von F. Michel[8]) und endlich von Ward.[4]) Auf f. 2[a] beginnt der Bestiaire: „Ci commence le Proloug de la Livere del nature de bese, peciouns e oyses." Die Handschrift, wegen des weiteren Inhalts äusserst wertvoll, wird leider jetzt offiziell als „missing" bezeichnet.

k. Ms. Cott. Vespasian A. VII. Perg., XIV. Jh.[5]), 8°. 35 Abbildungen in bunten Farben roh ausgeführt. 2 Spalten auf jeder Seite zu je 38 Zeilen. Der Bestiaire beginnt auf fol. 4[a] und endigt auf fol. 28[a], 2. Reihe, Zeile 2. Darauf folgt der kurze Auszug aus dem Besant de Dieu, der den meisten Bestiaire-Hss. angehängt ist, er schliesst ab mit den bekannten Versen auf „Sire Raoul".

n. Ms. Egerton 613, eine Handschrift, auf die ich hiermit zum ersten Male aufmerksam mache. Perg., 8°, XIII. Jh. Sie enthält Folgendes:

---

[1]) Vgl. P. Paris, Les Manuscrits françois de la Bibliothèque du Roi. VII, 199 ff.

[2]) David Casley, A Cat. of the Mss. in the King's Library. London 1734. S. 288.

[3]) F. Michel, Rapports au Ministre, in: Documents inédits sur l'Hist. de France. Paris 1839. S. 56 ff.

[4]) H. L. D. Ward, Cat. of Romances in the Department of Mss. in the British Museum. Vol. 1. 1883. p. 176—178, 625—627. — 2 Proben giebt Martin S. XXIV ff.

[5]) Vgl. A Catalogue of the Mss. in the Cott. Library. London 1802, p. 435 und Michel a. a. O. S. 119 ff.

1*

f1ᵃ. Kurze Fragmente vermischten Inhalts, lateinisch und altfranzösisch.
    f. 1ᵇ—2ᵇ. 3 kurze religiöse Gedichte. — Englisch.
    f. 3ᵃ—6ᵃ. Über die Leiden Christi. — Altfranzösisch.
    f. 6ᵇ. Lateinische Hymne: „Virgo pura". Als Beispiel diene
folgender Vers:

> Virgo pura,
> Dum gens christo credula
> Cogitur ad ydola,
> Adoranda,
> Tu nefanda
> Proïbas hec demona.

    f. 7ᵃ—12ᵇ. Ein moralisches Gedicht. — Altenglisch.
    f. 13. Sentenzen aus den Kirchenvätern. — Altfranzösisch.
    f. 13ᵇ—21ᵃ. „La revelaciun" (Evangelium Nicodemi). — Alt-
französisch.
    f. 21ᵃ—25ᵃ. La veniance del mort nostre Seignur.
    f. 25ᵃ—27ᵇ. Cum faitement(e) li Saincte Croiz fu trové al mund
de Calvarie par Heleine la reine.
    f. 27ᵇ—30ᵃ. L'estoire del exaltaciun de la Sainte Cruz.
    f. 31ᵃ—58ᵇ. Li Bestiaire.
    f. 59ᵃ—64ᵃ. Geistliches Gedicht. — Altfranzösisch. Es beginnt:

> Damc, amie, fille, sorur,
> Salue uus mand, ioie e honur,
> Entendez bien ceste parole
> Cume nurrie en bone escole:
> Dame uus apele, e pur quei?
> Kar il est escrit en la lei . . . .

    f. 64ᵃ—70ᵇ. Wiederholung von 7ᵃ—12ᵇ.
    f. 71—74. Vier kleine Blätter vermischten Inhalts ohne
Zusammenhang.
    Der Bestiaire enthält 35 Abbildungen, die in Tinte nicht unge-
schickt gezeichnet sind. Beim Salamander ist die doppellinige Um-
rahmung statt mit einer Abbildung mit einer Inschrift versehen, und
die Initialen sind unausgeführt geblieben. Der Bestiaire schliesst ab
mit dem Auszuge aus dem Besant, aber ohne die Verse an Raoul.
    III. Auf der Bodleian Library zu Oxford.
    1. Mit 1 bezeichnet Martin eine Hs., die früher im Besitze von
F. Douce war.[1]) Sie ist von Douce der Bodleian Library vermacht
worden und führt gegenwärtig daselbst die Bezeichnung Douce 132.
Dieses wertvolle Manuskript enthält an erster Stelle den Roman von
King Horn — altfranzösisch; an zweiter Stelle den château d'amour,

---

    [1]) Vgl. Cat. of the Printed Books and Mss. bequeathed by Francis
Douce, Esq., to the Bodl. Library. Oxford 1840. S. 21 der Abteilung
für Hss.
    Vgl. auch Michel a. a. O. S. 140 ff.

und hierauf die Fabeln der Marie de France. Den Schluss bildet
der Bestiaire Guillaume's, fälschlich bezeichnet als eine „*collection of
fables from Aesop and others*". Er findet sich mit der Überschrift
„Bestiaire" von fol. 63ᵃ—81ᵇ. Der Text wird durch Abbildungen
erläutert, die gegen das Ende hin nur flüchtig skizzirt sind, und
steht in 2 Reihen zu je 45 Zeilen auf der Seite. Der Auszug aus
dem Besant fehlt. Die Hs., in Quartformat auf Pergament, stammt
aus dem XIII. Jahrhundert und war früher mit Douce 137 zu einem
Bande vereinigt.

IV. In Ashburnham Place.

m. Mit m bezeichnet Martin eine Handschrift, welche sich
früher im Besitze von Techener in Paris befand und später nach
Belgien an J. Barrois verkauft wurde. Sie ist von P. Paris und
Ferdinand Wolf beschrieben worden.[1]

Es ist mir gelungen, diese Handschrift wieder aufzufinden.
Barrois verkaufte nämlich eine reiche Sammlung wertvoller Manuskripte[2] an den Lord Ashburnham, und mit dieser ging auch sie
in dessen Besitz über. Sie führt in seiner Bibliothek die Nr. XI,
ist aber vielleicht schon wieder in andere Hände gelangt, da ein
Teil der Sammlung veräussert wurde. Dass Ashburnham XI mit m
identisch ist, geht aus der Übereinstimmung der Beschreibung von
P. Paris und der im Kataloge der Ashburnham-Sammlung zur Evidenz
hervor.[3] Es heisst in letzterem:

Ms. XI.

1) Le Roman de la Rose, par Guillaume de Lorris et Jean de
Meung. Fol. 1.

2) Le Lai du Moigne. Fol. 138ᵇ.

3) Le Bestiaire. Fol. 140.

> *Qui bien commenche et bien de fine*
> *Cest verites senee et fine.*
> *En toutes ouvraignes on doit*
> *Estre loial quels que il soit.*
> *Leuvre de boine commenchaille*
> *Qui ara bone de finaille*

---

[1] Vgl. Paulin Paris in: Bulletin du Bibliophile, Nr. 7, 2. Serie, S. 243 ff.
Paris 1836.

Ferdinand Wolf in: Jahrbuch für wissenschaftliche Kritik. Berlin 1837.
Nr. 18 (Juli), S. 139 ff.

[2] Über die Art und Weise, wie er in den Besitz derselben gelangte,
vergleiche:

L. V. Delisle, Les Mss. du Comte d'Ashburnham, Paris 1883. 4º.

[3] Catalogue of the Manuscripts at Ashburnham Place. Part the Second
comprising a collection formed by Mons. J. Barrois. London, Printed by
Charles Francis Hodgson. — Ein prächtiges Druckwerk, leider nur in wenigen
Exemplaren vorhanden; übrigens auch ohne Seitenzählung.

Eighth Report of the Royal Commission of Historical Mss. App., part III,
London 1881, in-folio.

Et bon dit et bone matire
Vient Willaume en romans escrire
Ceste euvre fu faite nouvele
Du bon latin ou il la trueve
El tans que Phelippes tint franche
El tans de la grant mesestanche
Q'Engleterre ert entredite
Si qu'il ni avoit messe dite
Ne cors mis en tere sacree
De l'entredit ne li agree.

Ends:

Quen la haute ioie ou diex maint
Puissons monter a icel iour
Que li iuste & li pecheour
Devant le iuste trambleront
Ainsi lo croit li rois du mont.
Amen.

4) Lai de la Dame et des Trois Chevaliers. Fol. 163. Hs. aus dem XIV. Jh., auf Perg., 4°, ff. 170. Geschrieben in Doppelreihen mit zahlreichen kleinen Abbildungen.

Obgleich in der vorliegenden Beschreibung *„une fort jolie complainte d'amour“* nicht erwähnt wird, die P. Paris (a. a. O. S. 246) als in der Hs. enthalten angiebt, so kann doch über die Identität beider Manuskripte kein Zweifel bestehen. Sie wird ferner erwiesen dadurch, dass nach dem angegebenen Kataloge Ashburnham XI wie m auch den Namen Pierre de Bouche trägt und die Bemerkung führt:

Chis livres fu escris lan m. ccc. xx. & neuf ou mois
de Octembre le venredi apres le saint denis de
Franche.

V. In der Bibliothèque de la Ville de Lyon au Palais des Arts.

o. Wendelin Foerster verweist in der Einleitung zu seinem Yzopet[1]) auf eine Lyoner Hs. des Bestiaire. Dieselbe findet sich in der Bibliothèque du Palais des Arts unter Nr. 78 und ist in Delandine's Kataloge unter Nr. 650 angegeben.[2]) Sie war früher im Besitze des 1793 in Lyon verstorbenen berühmten Naturforschers Claret de la Tourrette und wurde beim Verkaufe seiner Bibliothek erworben. Die Hs. zählt 58 Blätter aus Pergament. An erster Stelle steht die „Image del Monde", von fol. 1—55. Sie ist unvollständig erhalten, das Ende des 32. und letzten Kapitels fehlt. Ebenso fehlen die Abbildungen. Auf fol. 36 folgt nun, ebenfalls nicht ganz vollständig erhalten, der Bestiaire, dessen Text durch

---

[1]) Foerster, Lyoner Yzopet. Altfranzösische Bibliothek, Bd. V, S. I. Heilbronn 1882.

[2]) Delandine, Manuscrits de la Bibliothèque de Lyon. T. 1, p. 409.

30 Abbildungen in Gold erläutert wird. Der Anfang des Gedichtes fehlt. Es schliesst mit der Widmung an Raoul, welche beginnt:

Guillaume li a (?) cest roman escrit,
en la definaille tant dist
de signor Raol, son signor, etc.

Image del Monde und Bestiaire bilden die einzigen Stücke der Hs.

VI. Im Thirlestaine House zu Cheltenham.

p. Mit p bezeichne ich eine Hs. des Bestiaire, auf die ich hiermit zum ersten Male aufmerksam mache. Es ist die Hs. 4156 der reichen Sammlung des verstorbenen Sir Thomas Phillipps, Bart., von Middlehill, die durch Vermächtnis an den Rev. John E. A. Fenwick, Thirlestaine House, Cheltenham, gekommen ist. Ich veröffentliche im Folgenden die Inhaltsangabe der Hs., wie sie von Sir Phillipps selbst herrührt:[1])

4156.

4156. La Bible Versifiée.

1) L'Assumption de Notre Dame.
        „Seigneurs ore escotes."
2) Petitet l'Avis du Pere à son fils:
        „Li Pere sun fiz chastiot."
3) Genesis Versifiée.
4) Trebor's Advice to his Son, selected from Cato, Solomon, St. Eustace, Horace, Homer, and Virgil.
        „Trebor raconte sa traitie."
5) Description des realmes de diverses terres:
        „Ora esgarde dant ermils."
6) Life of St. Eustace the Martyr:
        „Jesu Christ par seint Eustace."
7) Prestre John's letter to the Emperor of Constantinople, describing the „Miracles del Orient."
        „Curteis est Deus ki tut cria."
8) Le Bestiaire en Français, par Gillealme.
        „Qui ben commence et ben define."
And in the fifth line thus:
        Livre de bone comencaile,
        Qui aura bone definaille,
        E bon dit e bon matire,
        Velt Gillealme en romanz escrire.
        De bon Latin: ou il le trove
        Ceste ouveraigne fu fete nove
        Al tens ke Philippe tint France,
        El tens de la grant mesestance,

---

[1]) Catalogus Librorum Manuscriptorum in Bibliotheca D. Thomae Phillipps, Bart. A. D. 1837. Impressus Typis Medio-Montanis, Mense Maio 1837. p. 63. — Das Buch, von Sir Thomas Phillipps in Middlehill eigenhändig gedruckt, ist meines Wissens nur in einigen wenigen Exemplaren vorhanden.

K'Engleterre fu entredite,
Si kil ni avoit messe dite, etc. etc.

9) Liber Sompniorum et Lunarum.
„Fet fu Adam. *Bon est a totes riens comencer.*"
10) Les Perillos jors de l'an.
11) On Purgatory. (The 1ᵗᵉ leaf torn out.)
12) Maistre Wace's C[h]ronicle of Brute.
„*Qui volt oire e volt saveir.*"
(On the 1ᵗᵉ page of Wace is a drawing of King Arthur's head.)
Fol. vel. saec. XIII. initio.

Weitere Handschriften des Bestiaire Guillaume's kenne ich nicht. Manche von den genannten wird vielleicht identisch sein mit denen, die früher als in den Bibliotheken von Burgund und Frankreich aufbewahrt mir bekannt sind. Die Kriegsstürme, die über beide Länder hinbrausten, und der endliche Zerfall des burgundischen Reiches mögen sie verstreut haben. Ob unter ihnen einige für immer verloren gegangen oder noch nicht wieder aufgefunden sind, vermag ich nicht zu sagen, da es mir in dieser Beziehung an Material fehlt. Es sind folgende vorhanden gewesen:[1]

I. Inventoire des Livres du Roy Nostre Sire Charles V, estans en son chastel du Louvre, à Paris, en 1373.

Nr. 43. Les fables Yzopet. Le Bestiaire. Maistre Richart de Furnival d'Amours. Yssor, en ryme. (S. 53.)

Nr. 122. Un livre de Chançons. Les fais de la terre d'oultre mer. Le Bestiaire. Robert le Diable. Vies de plusieurs sains. Le miracle de Théophile. De St. Jehan l'evangestre, et autres choses rymées. (S. 60.)

Nr. 410. Thresor de Science. Le Bestiaire. Les Paraboles Salomon. Cidrac, etc. (S. 80.)

Nr. 182. Le Bestiaire. Mᵉ Richart de Furnyval d'amors. Le compost. L'Ymage du monde. Le Tornoiement antechrist que fist un moine de Saint-Germain-des-Prés, avecques plusieurs chançons notées. (S. 63.)

Nr. 190. Bestiaire et chançons en langage piquart, et demandes, et aucunes choses à point d'orgue. (S. 64.)

II. Libraries de Bourgogne, inventoriées à Bruges vers 1467, A Gand en 1485, A Bruxelles en 1487.

A. Inventoire de la Librarie Qui est en la maison à Bruges. Circa 1467.

Nr. 1341. Ung livre en parchemin couvert de cuir rouge, intitulé au dos: C'est le livre du Bestiaire, escript en rime, historié en pluiseurs lieux; quemenchant, *Qui bien quemenche bien deffine*, et le dernier feuillet, *feme qui l'a porté*. (S. 196.)

---

[1] Bibliothèque Protypographique, ou Librairies des fils du Roi Jean, Charles V, Jean de Berri, Philippe de Bourgogne et les siens. Paris 1830. (Par J. Barrois.)

Nr. 1344. Ung livre en parchemin couvert de cuir rouge, intitulé au dos: Livre de Bestiaire, Mappemonde et autres, historié en plusieurs lieux, escript partie par coulombes en rime; et partie en prose, quemenchant, *Toutes gens désirent par nature à savoir*, et le dernier feuillet, *dames somes*, contenant au derrenier pluisieurs chanssons mises en chant. (S. 196.)

    B. Bruxelles. Inventoire le 15/XI. 1487.

Nr. 1765. Ung autre livre couvert de cuir rouge, à ung cloant de léton, ung bouton sur l'ung des costez et deux sur l'autre, de léton, historié et intitulé: Le livre de Bestiaire, la Mapemonde, et autres. (S. 253.)

Nr. 2107. Ung autre livret couvert de cuir rouge, à deux cloans de léton, historié et intitulé: Le Bestiaire; començant ou second feuillet, *Mais par le péchié de Lucifer*, et finissant ou derrenier, *si fait une seur*. (S. 299.) Der Anfang ist gleich V. 48 des Bestiaire Divin.

    Ob in diesen Angaben unter „Bestiaire" immer der des Guillaume zu verstehen sei, kann nicht mit Sicherheit gesagt werden, da Guillaume nicht der einzige Altfranzose gewesen ist, der einen Bestiaire verfasst hat. Wohl aber dürfte, abgesehen von dem vollkommen sicheren Falle unter Nr. 1341, die Mehrzahl auf ihn zu beziehen sein, da sein Werk das bekannteste war. In Brüssel freilich ist kein Bestiaire Divin vorhanden.

    Werke ähnlichen Inhalts werden aufgeführt:

    S. 191—Nr. 1303: „Des Bestes." Bruges.

    S. 278—Nr. 1947: „Le livre des Bestes." Bruxelles.

    S. 116—Nr. 674: „Ung livre des Propriétés des Bestes." Auxonne 24. 1. 1423.

    S. 155—Nr. 985: „Le Livre des Propriétez des bestes." Bruges.

    S. 240—Nr. 1679: „Le Livre des Propriétez des Bestes." Bruxelles.

    S. 310—Nr. 2192: „Le Livre des Propriétez des bestes." Bruges.

    Über das Verhältnis der oben angegebenen, uns bekannten Handschriften des Bestiaire zu einander vermag ich bis jetzt kein endgültiges Urteil zu fällen, da ich meine Untersuchungen in dieser Richtung noch nicht habe abschliessen können. Was speziell die Handschriften Douce 132, Egerton 613 und Cott. Vesp. A. VII anlangt, von denen ich vollständige Abschrift genommen, so gehören sie mit dem bereits veröffentlichten Ms. fr. 25408 zweifellos zu einer Gruppe. Von den 3 erstgenannten bietet Douce 132 den besten Text, Cott. Vesp. A. VII würde als nachlässige Abschrift ganz wertlos sein, wenn es nicht manche gute Variante aufwiese. Im Folgenden gebe ich von diesen 3 Handschriften eine Probe, indem ich eine diplomatische Abschrift des Artikels vom Igel veröffentliche. Die in Klammern stehenden Buchstaben sind in den Hss. durch Abkürzungszeichen vertreten.

Cott. Vesp. A. VII.

El bestéire ad mut a dire
G(ra)nt ensample e bele mature
En sentence e bone reson
Ore v(us) dirrai del hericon
Qe e(st) fait com vn porcelet
Q(ua)nt il alete petitet
Mut p(ar) e(st) richeme(n)t arme
Car de nat(ur)e e(st) espine
E q(ua)nt il ot o veit v sent
Pres de li bestes v gent
En ses armes se clot et serre
Puis ne doute il pros la guerre
De home ne se put il defendre
Mes si beste le uoloit p(re)ndre
Ne sai com(e)nt le deuorroit
Qe malem(en)t ne se peiroit
Mut e(st) cointes li hericons
Qe meint as bois e as bossons
Vne mut g(ra)nt cointise fait
Q(ua)nt sa uiande q(uer)re uait
Tote sa petite alure
Sen uet a la uigne maniure
Tant feit gen la uigne e(st) mo(n)te
V plus ad de reuns a plente.
Si la croile si durement
Qil cheient espessement
Q(ua)nt a t(er)re sont espanduz
E cil est aual descondus
P(ar) desus se uoutre e enuerse
E al lung e al trauerse
Tant q(ue) les reuins sont fichiez
As brochas q(ue) sont denges
Q(ua)nt il est charge durem(en)t

210

Egerton 613.

x L bestiaire ad mult a dire
Grant essample (e) bele mature
E sentence bone e grant reison
Ore uos dirrom del hericon
Ki est fet com um purcelet
Q(ua)nt il alete petitet
Mult par est richement arme
Kar de nature est espine
E q(ua)nt il ot ou veiou sent
Pres de lui bestes ou gent
En ses armes senclot e serre
Puis ne dute gueres lur guerre
De home ne se poet il defendre
Mes si beste le uolent prendre
Ne sai coment le deuorrast
Ke malement ne sempeirast
Mult est cointes li hericons
Ki meint es bois (e) as boissons
Vne mult g(ra)nt cointise fait
Q(ua)nt sa uiande guerre uait
Tote sa petite alure
Sen uait a la uigne maure
Tant fet ken la uigne (est) mo(n)te
Ou plus ad de reisins plente.
Si la croile si durement
Ke il cheent espessement
Q(ua)nt a terre sont espandu
E il est aual descandu
Par desus sen uoltre e enuerse
E al long (e) al trauerse
Tant ke les reisins sont afichu
Es broncones ke sunt dolgez,
Q(ua)nt se sont charge durement

Bodl. Douce 132.

x l bestiare a mult a dire
Grant essample e bele mature
E sentence e bele reison
Hore uos dirrai del hericon
Q(u)i est cun vn porcelet
Q(ua)nt il alaite petitet
Mult par est richement arme
Kar de nature est espine
E q(ua)nt il ot ov veit ov sent
Pres de lui ov leste or gent
En ses armes senclot e serre
Pois ne dote guaires la gerre
Dome ne se port il defendre
Mes se leste le uoleit prendre
Ne sai coment le deuorast
Q(u)e malement ne sen peirast
Molt est cointes li hericons
Q(u)i meint es bois (e) es boissons
Vne mult g(ra)nt cointise fait
Q(ua)nt sa uiande guerre uait
Tote sa petite aleure
Sen veil a la uigne maure
Tant fait gen la uigne est monte
Ov plus ad des raisins plente.
Si la crolle si durement
Que il chrent espessement
Q(ua)nt a terre sont espandu
E il est aual descendr
Par desus se uoltre e enuerse
E au lonc e a la trauerse
Tant qui les raisins sont fichez
Es broconez que sont dolgies
Q(ua)nt il est chargie durement

Cott. Vesp. A. VII.

Si een reusnt tot belement
A son recet v ad sea founs
E tant com dure la seisons
De pomes fet ele altresi
Com de resins dont ie v(us) di
Bon c(ri)stien q(ue) reson as
Ceste ensa(m)ple ne obles pas
Mea gueie tes del hericon
Del tretre culuert felon
Gard ta uigne e ton pomer
Del soduiant larron faiter
Del malfei q(ue)[tus iors enginne
Com il ait le frui de ta uigne.
Mut e(st) pensifs e curios
Deake il ait ton pomer escos
Si nule bone ou(er)aine as faite
li diable tuz iors aguete
Qil te ait trai e engine
E bote en acon pecche
Tant qil puse le frut secure
Qe te deit aider e socure
Deage li diables ap(re)nt
Qe la cure del mond la p(re)nt
De ben bouter te enz se haste
Tes fruis esperite degaste
Ta uigne e ton pomer estut
Ieri te guerroi il p(ar) tot.
fol. 1a.
211

Egerton 613.

Si sen reusnt tot erraument
A son recet v ses foons
E tant come dure la seisons
De pomes fet il altresi
Come des resins dont io v(us) di
x On creation ke reison as
Ceste casample noblies pas
Mea gueie tei del hericon
Del traisre culuerd larron
Garde ta uigne e ton pomer
Del suiduiant larron fraiter
Del malfe ko toz engime
Com il eit le frui de ta uigne.

Se nule bone ou(er)aigne as faite
Li diables tos iors aguaite
kil teit trahi (e) engigne
E bote en alcon pecche
Tant kil pouse le fruit escorre
ke te deit aider e secorre
Deake li diables aprent
ke la cure del mond te prent
De ben boter tei enz se haste
Tes fruis espiriels degaste
Ta uigne e ton pomer escut
Iesi te guerreie il par tut.
fol. 39a.

Bodl. Douce 132.

Si sen reuient tot belement
A son recet a ses feons
E tant (co)m dure la sesons
Des pomes fait il altreci
(Co)m des resins que io vos di
x on creation qui reison as
Ceste casample nobliez pas
Mea gueie te del hericon
Del traitor culuert larron
Garde ta uigne e ton pomier
Del solduiant larron fraitier
Del malfe q(u)e toz iors engigne
(Co)m il ait le fruit de ta uigne.
Mult est penris e curios
Com il ait ton pomier escos
Se nule bone ousraigne as fete
Li diables tos iors aguaite
Quil tait trai e engime
E bote en alcon pecha
Tant qui pouse le fruit escore
Qui te deit aidier e secore
Desque li diables aprent
Q(u)i li cure del mond te prent
De bien boter te enz se haste
Tes fruiz espiriels degaste
Ta uigne e ton pomier escot
Iesi te guerreie par tot.
fol. 68b.

Cah. Bd. II, S. 200 f., Hipp. V. 1055 ff.

3. Abfassungszeit.

Was die Abfassungszeit des Bestiaire angeht, so giebt uns der Dichter selbst darüber den nötigen Aufschluss an zwei Stellen seines Werkes. Obwohl diese Stellen von den meisten, die sich mit Guillaume beschäftigt haben, schon angeführt worden sind, seien sie doch des Zusammenhanges wegen noch einmal wiedergegeben. Es heisst im Eingange:

Cest overaine fu faitte nueve
El tens que phelip[es] tint Fraunce,
El tens del grant mesestaunce
Que engletere fu entredite,
Si qu'il n'i ot messe dite,
Ne cors mis en tere sacree.

Ms. Cott. Vesp. A. VII. Fol. 4ᵃ.

Der Bestiaire wurde also verfasst zur Zeit, als Innocenz III England mit dem Interdikt belegt hatte, d. h. zwischen den Jahren 1208 und 1213, denn solange währte dasselbe. Eine genauere Angabe findet sich in einem Abschnitte gegen Ende der Dichtung, der dem Artikel von der Turteltaube angehängt ist. Die Turteltaube bezeichnet nämlich wegen ihrer Gattentreue typisch die Treue der Kirche zu Christus, und es darf daher nicht auffallen, dass Guillaume an dieser Stelle noch einmal die kirchlichen Missverhältnisse in England auf's tiefste beklagt. Diese Verse lauten im Ms. Douce 132 fol. 77ᵇ:

Quant l'actor qui rima cest livre,   *Kar si enfant demainement*
Deveit ici endreit escrivre,   *Li moveient torneement,*
Molt esteit tristes e dolans,   *Le plus de la chevalerie,*
Kar ja aveit este treiz anz   *Plus qu'en une mahomerie*
Sainte yglise si dolerose   *N'i entrassent en cel termine;*
E si mate et si pourose   *Molt esteit en grant decepline*
Que maint cuidoent par folie   *Tornee e en chaitevison.*
Que son espos l'eust guerpie;   *N'aveit mes gent, se petit non,*
Car ele n'osout le chief lever,   *En tote bretaine la grant*
Poi i entrot gent por orer   *Qui ne fust fause e mescreant.*
En trestot l'isle de engletere,   *Por l'avoir que il guainoent*
Mult ert la dame en dure gerre   *Des yglises que il guardoent,*
Par tot le reialme a cel jor   *Erent le plus halt a devise*
E en peril e en dolor.   *Contre la pes de seinte yglise.*

Cah. III, 264, b 18 ff., Hipp. V. 2518 ff.

Da seit Verhängung des Interdikts demnach drei Jahre verflossen waren, würde der Bestiaire ins Jahr 1211 zu setzen sein. Martin hat diese Datierung angenommen. Indess steht sie nicht vollkommen sicher, weil ein Teil der Handschriften 2 statt 3 Jahren angiebt. Es haben:

2 Jahre:	3 Jahre:
ms. fr. 902	ms. fr. 25 408
„ 20 046	„ 24 428
„ 1 444	„ 19 964
Eg. 613 Cott. Vesp. A. VII.	Douce 132.

Weitere Angaben fehlen mir noch. Aus dem geteilten Verhalten der eben genannten Manuskripte liesse sich noch kein sicherer Schluss ziehen, wenn man nicht wüsste, dass es gerade die besseren sind, welche 3 Jahre aufweisen. Für mich bestimmend ist, dass von Eg. 613, Vesp. A. VII und Douce 132, welche bis auf die Zeitangabe im Wortlaute des Verses übereinstimmen, wiederum Douce 132, als die beste, treiz ans zeigt, während die beiden anderen dous (deus) anz haben. Ich nehme daher mit Martin 1211 als das Entstehungsjahr des Bestiaire an.

Auch stimme ich Martin in dem zu, was er über den Anhang sagt, welcher in vielen Hss. dem eigentlichen Bestiaire folgt und aus evangelischen Gleichnissen mit Auslegung besteht. Derselbe stimmt meist wörtlich mit entsprechenden Teilen des Besant überein, und es ist auch mir aus den von Martin (S. XXVI ff.) erwähnten Gründen im höchsten Grade wahrscheinlich, dass ein Abschreiber die ihn besonders ansprechenden Stellen des Besant einer Dichtung anhängte, die ihrem Charakter gemäss eine überaus grosse Verbreitung finden musste.

4. Widmung.

Guillaume widmete sein Werk seinem Herrn „sire Raoul". Die Widmung lautet nach der Hs. Vesp. A. VII:

Guillame que cest romanz fist,
En le fin ail tant endist
De sire Raul, sun seignur,
Pur ki il fu en cest labour;
Car il ad bien guerdone,
Pramis li ad e bien done,
Bien li ad covenant tenu.
A raul est bien avenu,
Car il ad sun nun acompli,
Ne l'ad pas mis en ubli.
Teus est come sun nun devise
E je m'en lou de sun servise.
Cest nun raul sone grant chose,
Ore vus durai la glose.
Treis silabes i ad autres,
Que de treis nuns sunt recopees,
Treis silabes i ad e nient plus,
Le ra e le dul e le fus.
Le ra est pris de ratio,
E le dul de dulcedo,

E la tierce silable fus,
Dist autretant come fultus.
E si le nun est a dreit glose,
Fultus ert e mi liu pose.
Dunc ert fultus undique
Racione, dulcedine.
Cest nun Raul est apuie
De raisun e de piete.
Piete, docor e raisun
Ont fait en sun quer maisun,
E deu l'ottreit par sa grace
Qu'il si bon osteil lur face,
E tant les serve e tant les eimt,
Qu'en la haute joie u deu maint,
Peust monter a icel iur,
Ou li juste e li pecheiur
Devant le juge trembler unt
E lur jugement atendrunt.
                              Amen.
Fol. 32ᵇ.

Da weitere Angaben über diesen sire Raoul fehlen, dürfte es bei der Häufigkeit dieses Namens in gleichzeitigen Urkunden unmöglich sein, den Herrn unseres Dichters herauszufinden (Vgl. Martin S. XXVI).

5. Ausgaben.

Der Bestiaire Divin ist bisher zweimal herausgegeben worden; zuerst von Cahier[1]) nach der Hs. Ms. fr. 902 der Pariser Biblio-

---

[1]) Cahier et Martin, Mélanges d'Archéologie, d'Histoire et de Littérature. Paris; t. II, 1851, p. 106—232; t. III, 1853, p. 203—288; t. IV, 1856, p. 55—87. 4⁰. — Mit Abbildungen.

thek, und dann fast gleichzeitig mit Cahier von Hippeau [1]) nach der Hs. Ms. fr. 25 408 derselben Bibliothek. Die Ausgabe von Cahier, die auch Varianten einiger anderer Handschriften angiebt, ist erschienen in dessen kostspieligem Prachtwerke Mélanges d'Archéologie etc. (Mél.). Ist dies schon an sich nicht die zweckentsprechende Verbreitungsweise eines für die romanische Philologie sehr wertvollen Gedichtes, so ist die Sache noch um so schlimmer, als die Ausgabe auf 3 volle Bände verteilt wird. Dazu kommt, dass die einzelnen Artikel durch andere Texte und sehr weitläufige Anmerkungen weit von einander getrennt stehen, und dass nicht einmal eine Verszählung vorgenommen ist.

Die Ausgabe von Hippeau für die Mémoires de la Société des Antiquaires de Normandie dürfte wie die in den Mél. den meisten Philologen unerreichbar sein, und ebenso steht es mit dem von Hippeau selbst besorgten Abdrucke seiner Arbeit aus den Mémoires, der selbständig erschienen ist. [2])

Beide Ausgaben sind jedoch ausserdem völlig ungenügend für den heutigen Stand unserer Wissenschaft. Ich werde daher in der Folge den Citaten aus dem Bestiaire meine Abschrift der Hs. Douce 132 zu Grunde legen, und da ich in der glücklichen Lage bin, sowohl Cahier's Mél. als auch Hippeau's Sonderausgabe benutzen zu können, so werde ich bei jedem Citate genau angeben, wo die betreffenden Verse sich bei Cah. Mél. und bei Hippeau finden. Auf diese Weise erhält der Leser, hoffe ich, nicht nur einen besseren Text, sondern ist auch imstande, die Citate in dem einen oder anderen Buche zu vergleichen. Da Cahier keine Verszählung vorgenommen hat, zähle ich von dem ersten Verse jeder Reihe an, und sind 2 Reihen vorhanden, so unterscheide ich dieselben durch a und b.

↓ 6. Bisherige Urteile.

Guillaume's Bestiaire Divin hat noch keine eingehende Untersuchung erfahren, und doch verdient er sie aus mehr denn einem Grunde: einmal schon der absprechenden Urteile wegen und dann, weil keiner von allen denen, die bislang über Guillaume geschrieben haben, das Wesen dieses Werkes richtig erkannt hat.

So sagt Legrand d'Aussy in seinem Artikel über die Bestiarien Guillaume's und Richard's de Fournival: [3]) „Les deux ouvrages dont il s'agit, ont de commun d'être chacun

---

[1]) Mémoires de la Société des Antiquaires de Normandie. Paris, t. XIX. 1851. 4⁰. Textes p. 423—476 (Einl. u. Anal. S. 317 ff., S. 356 ff.).

[2]) Le Bestiaire Divin de Guillaume, Clerc de Normandie. Par M. C. Hippeau. Caen 1852. 8⁰.

[3]) Vgl. Notice sur deux Ouvrages manuscrits du XIIIᵉ siècle, intitulés Bestiaire. Par le Cᵗᵉ Legrand d'Aussy. In: Notices et Extraits des Manuscrits de la Bibliothèque Nationale et autres Bibliothèques publiés par l'Institut National de France. T. Vᵉ. A Paris, An VII.

un mauvais traité de physique, ou d'histoire naturelle, rédigé d'après les connoissances erronées, ou très-bornées, du siècle où ils parurent." (S. 275) . . . . „A ce défaut de ne traiter qu'incomplétement son sujet, et de n'y offrir guère que des erreurs, le clerc Guillaume joint celui d'y insérer encore des matières étrangères et qui n'y ont aucun rapport. De ce nombre sont un article sur le diamant, un sur la mandragore, un autre sur ces pierres merveilleuses dont je viens de faire mention etc. . . . . Il suit de tout ceci, que notre poëte a fait un ouvrage détestable. Mais si, au lieu de traiter des bêtes, il eût écrit sur les différens d'Innocent III et du roi Jean, je présume, d'après le courage et l'impartialité dont il annonce le germe, qu'il nous eût transmis des choses intéressantes." (S. 277.) Hätte Legrand d'Aussy den Bestiaire von dem Stande punkte aus betrachtet, von dem er einzig zu betrachten ist, nämlich dass er einen Physiologus darstellt, so würde er vielleicht doch ein anderes Urteil gefällt haben.

De la Rue (a. a. O. S. 17) meint: „l'auteur ne parle pas seulement des animaux et des oiseaux, il traite encore des poissons, des plantes et des métaux; c'est l'histoire naturelle dans son enfance."

Weit ungerechtfertigter ist aber die 4 Jahre später geäusserte Ansicht Duval's (a. a. O. S. 60 f.). Duval versteht unter Bestiarien „des descriptions en vers de la forme et des mœurs d'animaux de toute espèce (c'est ce que nous appelons leur histoire naturelle)", und speziell in Bezug auf den Inhalt des Bestiaire Divin sagt er vom Dichter: „ . . . il traite successivement de l'homme, de la femme, des quadrupèdes, des oiseaux, des animaux fantastiques . . ."

Viel weiter vorgeschritten ist Martin, aber auch er trifft noch nicht das Richtige, wenn er den Bestiaire charakterisiert als „eine Sammlung von meistenteils wunderbaren Erzählungen über Tiere, auch Vögel, Fische, selbst Steine, deren Eigenschaften mystisch gedeutet werden".

Der Bestiaire Divin verdient ferner eine eingehende Untersuchung, weil vor allen Dingen die Frage von Wichtigkeit ist, welche Schriften Guillaume als Quellen benutzt hat, und wie er sich zu den übrigen altfranzösischen Bearbeitungen des Physiologus verhält, insbesondere zu der des Philipp von Thaün. Denn vergleicht man zum Beispiel den Artikel vom Igel bei Philipp mit dem oben angegebenen bei Guillaume, so findet man eine ganz auffällige Übereinstimmung beider, so dass die Frage nach dem Grunde dieser Erscheinung eine wohlberechtigte ist. Vom Igel berichtet nämlich Philipp (Hs. Oxford, Merton College 249):

Oies del hericun
Que par lui entendum.
Phisiologus dit
De lui en sun escrit:
Fait est cume purcel,
Esspinose ad la pel.
Al tens de vendenger
Lores munte le palmer,
La u grape veit
Que plus maure seit,
Si abat le reisin,
Mult lui est mal veisin.
Puis del palmer descent,
Sur les reisins s'estent,
Puis desus se volupe
Runt come pelote.
Quant se ad tres ben charge,
Des reisins enbroche,

Issi porte puture
A ses fils par nature.
Co est grant signefiance,
Aies en remembrance.
Par la vingne entendum
Hume par raisun,
E par la grape entend
Alme veraiement;
E par le hericun
Le diable entendum.
Par la resine entent
Bunte de alme ensement.
Saches que vif malfe
A hume tolid bunte
E ioie en altre vie,
Co est le allegorie,
E co dit bestiair(i)e,
Un livre de gramaire.
Fol. 7b.

Ehe wir jedoch auf die angedeuteten Fragen eingehen, müssen wir uns noch zuvor mit der Entstehung des Physiologus und seiner Entwicklung im Abendlande kurz befassen, weil diese Betrachtung uns wichtige Gesichtspunkte für den weiteren Gang unserer Untersuchung liefern wird.

II.

Entstehung des Physiologus und seine Entwicklung im Abendlande.

A. Entstehung.

Unter dem Titel des „Naturkundigen" (ὁ Φυσιολόγος, Physiologus) hat man eine Schrift der altchristlichen Kirche zu verstehen, welche gegen Ende des 2. Jahrhunderts unserer Zeitrechnung in Alexandrien für Zwecke der christlichen Lehre abgefasst wurde.[1]) Es treten in derselben entweder fabelhafte Geschöpfe (auch Steine

---

[1]) Über die Entwicklung des Physiologus und seine Bedeutung für die Litteratur besitzen wir zwei grundlegende Arbeiten von bleibendem Werte:
    I. Pitra, Spicilegium Solesmense, Parisiis 1855, t. III, p. XLVII ff.
    II. Carus, Gesch. d. Zoologie. München 1872. S. 108 ff.
    Ferner haben wir eine Darstellung seiner Beziehungen zur Tiersymbolik durch:
    III. Koloff, die sagenhafte und symbolische Tiergeschichte des Mittelalters in F. v. Raumer's Hist. Taschenbuch. 4. Folge, 8. Bd., 1867. S. 171 ff.
Es haben weiter über den Physiologus geschrieben:
    IV. Cahier { Mél. etc. t. II, p. 85—105.
               { Nouveaux Mél. etc. t. I, Paris 1874, p. 106—117.

auf, oder es werden wirklichen Geschöpfen fabelhafte Eigenschaften beigelegt. Dies bildet den einen, den naturhistorischen Teil des Buches und geht auf uralte heidnische Tiersagen zurück. Jene Eigenschaften nun wurden in einer sich anschliessenden Hermeneia von den Kirchenlehrern gedeutet, — das ist christliche Zuthat, christliche Hülle zu dem altheidnischen Kern. Diese Deutung aber ist nicht eine mystische oder allegorische oder moralische, oder wie sie sonst noch von denen genannt worden sein mag, die über den Physiologus geschrieben haben, sondern zuerst und vor allen Dingen eine typologische. Die Tiere sind Typen vornehmlich für Christus und den Teufel, in zweiter Linie für die Menschen iñ verschiedener Auffassung. So bietet der Physiologus Typen dar für Adam und Eva, für die Gesamtheit als christliche Kirche, für Glaubensstarke (Mönche und Nonnen) und für solche, welche dem Teufel zum Opfer fallen. Diese typologische Auslegung wird in denjenigen Redaktionen, welche der Urschrift am nächsten stehen, durch wenige Worte oder durch eine passende Bibelstelle notdürftig angedeutet. Je weiter wir

Sehr schätzenswerthe Beiträge, leider in der (besonders in den Nouv. Mél. verfochtenen) Grundansicht verfehlt, dass Tatian Verfasser des Physiologus gewesen und derselbe in Mesopotamien entstanden sei.

V. Hippeau, in der Einleitung zu seiner Ausgabe des Best. Divin, bringt zur Geschichte des Physiologus nichts Neues hinzu und ergeht sich in breiter Darstellung über Werke ähnlichen Charakters. Dabei voller Fehler: So in der Angabe der Hss. des Bestiaire und in der Hexaemeron-litteratur; Maurice de Sully soll von 1118—1185 Bischof von Paris gewesen sein; u. a. m.

VI. Thierfelder, eine Handschrift des Phys. Theobaldi, in: Nau-mann, Serapeum, Leipzig 1862, S. 225 ff., 241 ff.

VII. Heider, im Archiv für die Kunde österr. Geschichtsquellen. 5. Jahrgang. 1850. II. Band, S. 541—551.

VIII. Ch. Gidel, in: Le Physiologus, poëme . . . en grec vulgaire et en vers politiques publié . . . par Émile Legrand. Paris 1873. Bildet Nr. 16 der Collection de Monuments pour servir à l'étude de la langue néo-hellénique.

Gidel's Aufsatz soll eine Einleitung zu Legrand's Veröffentlichung bilden. Er nennt ihn eine „Étude littéraire sur le Physiologus", kennt aber weder Pitra noch Carus! Dabei giebt er absolut nichts, was sich nicht schon in früheren Schriften fände, natürlich auch mit deren Fehlern. So ist ihm der Phys. Bern 223 noch immer ein Theobald, und dass Epiphanius Verfasser des griechischen Textes sei, ist ihm ausgemachte Thatsache.

IX. Hommel, Die äthiopische Uebersetzung des Physiologus. Leipzig 1877. Einleitung.

X. Ahrens, Zur Geschichte des sogenannten Physiologus, in: Franco-Gallia II, 9. 18—85. — Dieser Aufsatz ist wohl identisch mit: Karl Ahrens, Zur Geschichte des sogenannten Physiologus. Programm des Gymnasiums zu Ploen 1885. — Ahrens bezieht den Titel der Schrift auf Aristoteles, erklärt diesen und Plinius für die Hauptquellen, sieht in den syrischen „Buch der Naturgegen-stände" aus einer Handschrift des India Office zu London die Urgestalt desjenigen Werkes, aus dem der Physiologus ent-standen sei, und hält Origines für dessen Verfasser.

aber die Entwicklung des Physiologus verfolgen, desto breiter wird
dem Geschmacke späterer Zeit entsprechend die Hermeneia, indem sie
weitere Züge aus der naturgeschichtlichen Schilderung allegorisch
auslegt. Jetzt ist also die Deutung eine allegorisch-typologische geworden.

Es kann nun nicht unsere Aufgabe sein, hier näher darzulegen,
wie der Physiologus sich im Oriente bald allgemeinster Beliebtheit er-
freute; wie er von da ins Abendland kam und erst von dem einen
Pabste als ketzerisches Buch in den Bann gethan, dann von dem anderen
noch nicht 100 Jahre später als nutzbringendes allen Gläubigen
dringend empfohlen wurde; wie er sich schliesslich fast kanonische
Geltung errang und zu einer wahrhaft universellen Verbreitung gelangte, einer Verbreitung, deren sich nächst der Bibel wenig andere
Bücher rühmen dürfen; alles dies ist von sachkundiger Feder schon dargelegt worden und wäre zu wiederholen in der Geschichte des Physiologus, welche überhaupt noch zu schreiben ist und nicht eher geschrieben werden kann, als bis sämtliches handschriftliche Material
bezüglich des Quellenverhältnisses untersucht worden ist. Welche
Riesenarbeit für einen Einzelnen eine solche Untersuchung dar-
bieten würde, erhellt daraus, dass wir vom Physiologus bisher Redaktionen kennen in folgenden Sprachen: Griechisch, Lateinisch,
Syrisch, Armenisch, Arabisch, Äthiopisch, Althochdeutsch, Flämisch,
Angelsächsisch, Altenglisch, Isländisch, Provenzalisch, Altfranzösisch
Italienisch und Slawisch. Dabei sind die Untersuchungen noch bei weitem
nicht abgeschlossen; vieles Material liegt noch in den Bibliotheken
vergraben, und ich glaube sicher nicht fehl zu gehen in meiner Ver-
muthung, dass er zum mindesten noch Spanisch und Irisch vorhanden
ist. Bei solcher Verbreitung kann es natürlich nicht Wunder nehmen,
dass die Erzählungen des Physiologus in allen möglichen Dichtungen und
Prosawerken des Mittelalters geschlossen oder vereinzelt wiederkehren.
Dieser Umstand ist eben aus dem universellen Charakter des Buches und
der Beliebtheit seiner naiven Darstellungsweise leicht erklärlich. Ich
selbst hege nicht den geringsten Zweifel, dass es auch pädagogisch
als Religions- und zoologisches Elementarbuch in den Schulen verwendet worden sei, nur ist es mir noch nicht gelungen, eine Beleg-
stelle dafür aufzufinden. Und soll ich zum Schlusse dieser kurzen
Betrachtung noch einen klassischen Zeugen für die Verbreitung des
Physiologus im Mittelalter anführen, so sei es der Vater der englischen
Dichtung, der in der Erzählung vom Nonnenpriester singt:

„Fair in the sand, to bathe her merrily,
Li'th Partelote, and all her sisters by,
Against the sun, and Chanticleer so free
Sang merrier than the mermaid in the sea,
For Physiologus saith sikerly
How that they singen well and merrily."
V. 15273—78.

B. Verbreitung im Morgenlande.

Als älteste Form des Physiologus ist die griechische anzusehen. Eine Rezension derselben in Prosa nach Handschriften des 13. bis 15. Jahrhunderts ist von Pitra[1]) herausgegeben worden. Es sind hier ferner zu nennen die fälschlich dem Epiphanius zugeschriebene Redaktion[2]) und die von Émile Legrand[3]) nach Handschriften des 15. Jahrhunderts veröffentlichte metrische Fassung. Auf frühere Handschriften geht die armenische Bearbeitung zurück, die gleichfalls von Pitra herausgegeben worden ist[4]). Eine Übersetzung derselben ins Französische ist publiziert worden von Cahier[5]).

Die nächste, die wichtige syrische Übersetzung, ist nach einer nicht ganz vollständigen Handschrift des Vatikans herausgegeben von Tychsen[6]), dann vollständig mit Einleitung und lateinischer Übersetzung von Land[7]).

Das Bruchstück eines arabischen Physiologus nach einer Pariser Handschrift, sowie ein Artikel des äthiopischen Physiologus in Übersetzung findet sich bei Pitra[8]). Unverkürzt steht der arabische mit lateinischer Übersetzung bei Land, S. 137 ff. Vollständig wurde dann der äthiopische Physiologus nach einer Londoner, einer Wiener und einer Pariser Handschrift mit Übersetzung ins Deutsche herausgegeben von Hommel[9]).

C. Verbreitung im Abendlande.

1. Lateinische Redaktionen.

Es folgen nun die lateinischen Bearbeitungen, die deshalb von grösster Bedeutung sind, weil sie die Vorstufe bilden für die Redaktionen in den einzelnen Nationalsprachen des Abendlandes, da sämtliche Physiologen dieser Art auf lateinische Vorlagen zurückgehen.

Die älteste uns bekannte ist die von Mai[10]) herausgegebene und von Pitra[11]) ergänzte Redaktion aus dem 8. Jahrhundert. Es sind

---

[1]) Vgl. Pitra a. a. O. S. 338—373.
[2]) Vgl. S. Epiphanii εἰς τὸν φυσιολόγον, ad physiologum etc. Ed. Ponce de Leon, Antverpiae 1588. 8⁰.
[3]) Émile Legrand, Le Physiologus etc., Paris 1873. S. 43 ff.
[4]) Vgl. Pitra a. a. O. p. 374—390.
[5]) Cahier. Nouveaux mélanges d'archéologie, d'histoire et de littérature. Paris t. I, 1874. p. 117 ff.
[6]) Physiologus Syrus etc. ed. O. G. Tychsen. Rostochii, 1795, 8⁰.
[7]) Land, Otia Syriaca (= Anecd. Syriaca t. IV, p. 115 ff.), p. 31 ff.
[8]) Vgl Pitra a. a. O. S. 535 u. 416.
[9]) Vgl. Fritz Hommel a. a. O.
[10]) Vgl. Angelo Mai, Classici Auctores, t. VII, Romae 1835, p. 589 ff.
[11]) Vgl. Pitra a. a. O. S. 418 f.

zusammen 22 Typen. Die Ausdrucksweise, das Fehlen der Hermeneia oder deren nur notdürftige Andeutung weisen ihr ein hohes Alter zu.[1]) Ihr am nächsten stehen:

Bern   (B) Ms.   223, VIII. Jahrh.
„   (C) „   318, IX.   „
Brüssel   (A) „   10074, X.   „
Göttweih   (G) „   101, XI.   „
Paris, Bibl. du roi, ms. lat. 2780, XIII. Jh.

Von diesen gehören die 3 erstgenannten, von Cahier in den Mélanges veröffentlichten, unzweifelhaft zu einer Gruppe, während ich Göttweih 101 aus noch zu nennenden Gründen eine Sonderstellung einräumen möchte.

Zu Göttweih gehören zunächst noch 4 weitere Abschriften:

Göttweih 154; — XIV. Jh.
„   200; — XIV. Jh.
Wien, Cod. lat. 1010; — XII. Jh.[2])
„   Suppl. 502; — XIII. Jh.
Leipzig, Cod. Paul. 351; — XIII. Jh.
„   „   „ 1305; — XIII. Jh.
Wolfenbüttel, Cod. Gud. 148.

Der Physiologus der Hs. Gud. 131 zu Wolfenbüttel schliesst sich in Zahl und Reihenfolge der Typen eng an A (Brüssel) an, was Bestätigung findet durch die beiden Bearbeitungen gemeinsame Korruptel, dass dem Artikel vom Panther die Überschrift: „de leone et pantera" gegeben wird, obwohl vom Löwen gar nicht die Rede ist.

In München sind auf der kgl. Bibliothek 11 Rezensionen vorhanden. (Vgl. Anglia VII, 446).

Neben diesen Prosaredaktionen entwickelte sich frühzeitig, im XI. Jahrhundert, ein kurzer metrischer Auszug, welcher 12 Tiere behandelt und gewöhnlich unter dem Namen eines Theobald geht, eines noch nicht mit Sicherheit identifizierten Autors. Er findet sich irrigerweise (siehe Carus a. a. O. S. 114) unter den Werken Hildebert's von Tours abgedruckt[3]) und ist handschriftlich vielfach verbreitet[4]). So:

British Museum, Add. Mss. 10019;
„   „   „   „   10415;
„   „   „   „   30985;
„   „   Arundel „   243;
„   „   Harleian „ 3093;

---

[1]) Vgl. für die folgende Darstellung: Anglia VII, S. 443 ff.
[2]) Cod. Ms. Theol. Bibl. Pal. Vindob. rec. M. Denis. T. I. Vindob. 1793. p. 589.
[3]) Hildeberti Venerabilis Opera. Ed. Beaugendre. Paris, 1708. p. 1173—1178.
[4]) Über die Ausgaben (er wurde sehr früh gedruckt) siehe: Choulant, Handbuch der Bücherkunde für die ältere Medizin. Leipzig 1841. S. 310.

Wien, Cod. CCXL (Vgl. Denis I, 798);
Göttweih, Cod. 201;
München[1]): Cod. 429; Cod. 801;
Cod. 14496; Cod. 14640; Cod. 18403.

„ 14544; „ 14709;
„ 14586; „ 15612;
„ 14634; „ 16073;

Im Folgenden gebe ich nun eine Darstellung derjenigen Redaktionen, die mir bei meinen weiteren Untersuchungen auf englischen Bibliotheken bekannt geworden sind, und die bislang weder Erwähnung noch Beachtung gefunden haben.

Die für die vorliegende Arbeit wichtigste derselben ist diejenige, welche uns in der Hs.

Reg. 2 C. XII, British Museum

erhalten ist. Auf ihre nähere Beschreibung gehen wir unten ein und erwähnen hier nur, dass sie aus dem XII. Jahrhundert stammt und sich der Gruppe der Berner Handschriften B. C. anschliesst.

Sloane 278, British Museum[2]).

Die Hs., 58 Quartseiten in Pergament, stammt aus dem 14. Jahrhundert und ist mit sorgfältig ausgeführten Bildern reichlich ausgestattet. Der Inhalt wird im Kataloge fälschlich angegeben als „Hugonis de Folleio, sive Folieto, libellus de avibus et bestiis, cum duobus prologis praemissis". Es ist nichts anderes als die Schrift „de avibus" mit dem bekannten Prolog an Rainer, eine Schrift, über deren Autor man noch nicht einig ist, und an welche sich nun ein Physiologus anschliesst. Derselbe stimmt im Wortlaute vollständig mit dem Göttweiher (G) überein. Nur in der Reihenfolge der Artikel ist manchmal eine Aenderung eingetreten (durch Umstellung derselben), und am Schlusse finden sich noch die in G fehlenden Abschnitte de salamandra, de mustela et aspide, de basilico, de dracone. Dem ersten Artikel (vom Löwen) geht noch ein Passus vorauf: „Sunt autem duo lapides ignari masculus et femina. Tu ergo professor intellige multos perisse propter vinum et feminas et cautus esto ut salvus fias"; d. h. wir haben es nicht mit einem „Prolog" zu thun, sondern mit einem Fragmente des Artikels der „lapides pyropoli", ein Umstand, der für eine vollständigere Vorlage spricht. Da nun G zeitlich den Werken Hugo's von Folieto voraufgeht, so kann dieser nicht als Autor des Physiologus unserer Handschrift gelten. Zu der Inhaltsangabe des Kataloges sei verbessernd nachgetragen, dass es statt „de mandragora" „de elephante" heissen muss (f. 48ᵇ), statt „de

---

[1]) Vgl. Cat. cod. manuscr. bibl. reg. Monac. comp. Halm et Laubmann. Monachi 1868—1878. t. III, 1: p. 85, 150; t. IV, 2: p. 181, 190, 198, 206 f., 208, 221; t. IV, 3: p. 23 f., 49 f., 160.
[2]) Vgl. Cat. of the Sloane Mss. T. I, p. 41.

antula“ „de antula“ (f. 50ª) und statt „de mustela“ „de mustela
et aspide“.

Add. 24 097, British Museum.[1])

Pergamenthandschrift aus dem XIII. Jahrhundert, Kleinquart,
enthält an 5. Stelle einen Physiologus der auf fol. 49ª mit einem
Bruchstücke des Artikels vom Panther beginnt. Darauf folgt der
Artikel „de unicorno“, dann die „istoria de idrio“ und noch 14 weitere
„Historien“. Als 17. und letzter Artikel schliesst der „de huppupa“
ab. Inhaltlich gehört dieser Physiologus zur Gruppe A B.

Arundel 506 [2]), British Museum.

Handschrift in Kleinquart, mit sehr kleiner, unleserlicher Schrift,
enthält von fol. 36ª—39ª einen Prosaphysiologus von 24 Artikeln,
der sich ebenfalls A B anschliesst. Er wird fälschlich im Kataloge
als Hildeberti, Cenomanensis Episcopi, Bestiarium bezeichnet und von
Pitra (p. LXXI, Anm.) als Theobaldi.

Reg. 6 A. XI, British Museum.

Die Handschrift[3]), aus dem XII. Jahrhundert und als „olim de
Claustro Roffensi“ bezeichnet, enthält meistenteils theologische Trak-
tate, im ganzen 9 verschiedene Schriften. An 4. Stelle stehen die
„Excerptiones de Animalibus“, und zwar heben sie auf fol. 141ª also
an: „Incipiunt excerptiones phisiologi. De yena. Igitur animal est
quod greci ienam dicunt, latini beluam, de qua lex dicit etc.“ Diesem
Artikel von der Hyäne folgen 33 weitere, an deren Schlusse es heisst:
„Finiunt exce[r]ptiones phisyologi. De quatuor generibus preciosorum
lapidum“. Diese Rezension ist wertvoll wegen ihrer Vollständigkeit
und wegen ihrer nahen Verwandtschaft zu der mit A bezeichneten
der Brüsseler Bibliothek.

Über den einzelnen Artikeln hat der Schreiber selbst angegeben,
was sie enthalten. Es stellt sich das Inhaltsverzeichnis folgendermassen dar:

1) De yena.	14) De natura vulturis.
2) „ ydro animali.	15) „ „ perdicis.
3) „ animali quod dorco vel capra	16) „ „ mustele.
dicitur.	17) „ „ aspidis.
4) „ onagro.	18) „ turture.
5) „ simia.	19) „ natura cervi.
6) „ volatile quod dicitur folix.	20) „ adamante lapide.
7) „ pantera.	21) „ tribus naturis quas dicitur
8) „ belua quod dicitur testudo.	leo habere.
9) „ nature vipere.	22) „ animali quod dicitur serra.
10) „ pendice arbore.	23) „ calandrio.
11) „ natura elephanti.	24) „ pellicano.
12) „ acate lapide.	25) „ nocticorace.
13) „ natura lapidis scindilici.	26) „ natura aquile.

---

[1]) Cat. of Add. to the Mss. in the Br. Museum.
[2]) Cat. of the Mss. in the Br. Mus. New Series. Vol. 1. 1834. Part 1.
The Arundel Mss. p. 14d.
[3]) Vgl. Casley a. a. O. S. 97.

27) *De natura phenicis.*
28) „ „ *avis que dicitur upupa.*
29) „ *formica et eius natura.*
30) „ *syrenis et honocentauris.*
31) „ *natura erinatii.*

32) *De natura vulpis et eius signi-ficatione.*
33) „ *Rinocerote.*
34) „ *natura castoris.*

Die bisher betrachteten Redaktionen des Physiologus gehören insofern zu einander, als sie nur solche Tiere, Bäume oder Steine als Typen behandeln, welche von alters her im Physiologus auftraten. Denn obwohl die einzelnen Bearbeitungen in der Zahl der Typen oft sehr weit auseinandergehen, so gebietet der Physiologus, als Ganzes aufgefasst, doch nur über ein ganz bestimmtes, feststehendes Inventar von Tieren, die man eben deshalb „physiologische" nennen könnte. Redaktionen nun, welche bloss solche führen, möchte ich im eigentlichen Sinne des Wortes Physiologen nennen, und zwar auch dann noch, wenn sich darin höchstens ein oder einige fremde Artikel untermischt finden. Diese kennzeichnen sich sofort dadurch, dass sie entweder gar keine Auslegung haben oder eine, welche nicht mehr typisch ist.

2. Bestiarien im weiteren Sinne.

Es treten nun frühzeitig Handschriften auf, welche unter dem Titel „Bestiarius", „liber Bestiarum" u. dergl. ein Werk verbreiten, das sich, nach der Zahl der Handschriften zu urteilen, allgemeinster Beliebtheit erfreut haben muss. Es ist ein naturgeschichtliches Lehrbuch, das charakteristisch mit den Worten Isidor's beginnt: „Bestiarum vocabulum proprie convenit leonibus, pardis et tigribus" etc. Sein Inhalt setzt sich in der Hauptsache zusammen aus Isidor's Etymologieen, aus dem Physiologus, aus Plinius und Solin. Eine Quellenuntersuchung habe ich an einem Vertreter dieser Gruppe, dem Bestiarius Burney 327 des British Museum, Anglia VII, 447 ff. angestellt. Die Quellenschriften werden häufig zitiert. Das Ganze gliedert sich in 4 Teile. Einen Verfasser nennt die Schrift nirgends, jedoch muss man sie allgemein Hugo v. St. Victor zugeschrieben haben, denn schon 1526 erscheint sie unter seinen Werken gedruckt[1]), wie sie auch neuerdings noch von Migne[2]) unter Hugo's Werke aufgenommen worden ist. Diese Annahme hat etwas Bestechendes an sich, weil die Handschriften zeitlich nicht über Hugo zurückgehen und die Verbreitung einer aus so verschiedenen Bestandteilen zusammengesetzten Schrift sich aus dessen Autorität erklären liesse. Der Physiologus, den sie enthält, gehört zur Gruppe der Bern-Brüsseler Handschriften und liefert häufig schätzenswerte Varianten.

---

[1]) Hugo de Sancto Victore, Opera, t. II, Paris 1526. Fol.
[2]) H. d. S. V.: De bestiis et aliis rebus, in: Migne, Patrol. t. 176, Paris 1854, p. 15 ff.

Werke dieser Art also möchte ich mit dem Namen Bestiarien
bezeichnen.

Ich kenne davon folgende Handschriften:

British Museum:

    Add. 11283; Perg., Grossoktav, Initialen und Abbildungen
        sorgfältig ausgeführt, XII. Jh. Text bei weitem besser und
        vollständiger als in

    Burney 327; Perg., 4^0, XIII. Jh., letztere Hs. schliesst
        ab mit den „lapides igniferi".

    Harl. 3244; sorgfältige Bilder, Grossoktav, XII. Jh., f. 36^a
        bis 71^b.

    Harl. 4751; f. $1-74^b$. Prachthandschrift, XIII. Jh.

    Reg. 12 C. XIX[1]), f. 6^a-102, Abbildungen, XIII. Jh.

    Reg. 12 F. XIII[2]), fol. $1-140^a$, Abbildungen bis fol. 50,
        XIII. Jh.

    Sloane 3544, fol. 1—44, Kleinquart, XIV. Jh., Abbildungen.

    Cott. Vesp. E. X.[3]), XIII. Jh., ohne Abb., f. 6^a-43^b:
        „Bestiarium. De omnibus Bestiis." Diese Schrift wird
        im Kataloge fälschlich Philipp von Thaün zugeschrieben.[4])

Oxford:

    Merton LXVIII[5]);
        3 Stück, fol. 6 ff.

    Merton CCCXXIV;
        14. Stück, fol. 142^b ff.[6])

    Exoniensis XXXV;[7])
        1 Stück, fol. 2 ff.

    Univ. CXX;[8])
        1 Stück, fol. 1 ff., XIII. Jh.

    S. Joh. Bapt. LXI;[9])
        1 Stück, fol. 2^b ff., XIV. Jh.

    S. Joh. Bapt. CXXXVI;[10])
        4 Stück, fol. 114 ff.

    S. Joh. Bapt. CLXXVIII;[11])

---

[1]) Vgl. Casley a. a. O. S. 204.
[2]) Vgl. Casley S. 212.
[3]) Vgl. Cat. of the Cottonian Library deposed in the Br. Mus. 1802.
p. 481.
[4]) Darüber an anderer Stelle.
[5]) Cat. Cod. Mss. qui in Collegiis Aulisque Oxoniensibus hodie adser-
vantur. Conf. Henricus O. Coxe. Pars 1, Oxonii 1852. S. 41 der Abt.
Merton College.
[6]) Vgl. S. 128 der Abt. M. C.
[7]) Vgl. S. 13 der Abt. Ex.
[8]) Vgl. S. 36 der Abt. Univ.
[9]) Vgl. Pars II, S. 17 der Abt. S. I. B.
[10]) Vgl. P. II, p. 42.
[11]) Vgl. P. II, p. 59.

15. Stück, fol. 157 ff.

Bodl. Cod. Rawl. C. 77;[1])
  1. Stück, f. 1 ff., 4⁰, XIII. Jh.

Bodl. Cod. Douce LXXXVIII;
  2. Stück, ff. 5—29, 70^b—115, 121^b—123^b, 138—146. Abb. XIV. Jh.

Bodl. Cod. Douce CLI;
  XIII. Jh., f. 1 — 85. Abb.

Bodl. Ashmole 1511;[2])
  XIII. Jh. Abb.

Ashburnham:
  Cod. CCXCVIII;
    4 Stück, fol. 79 incipit Bestiarius.
  Libri 1130;
    Opus Naturae Rerum. XV. Jh. Abb.
  Libri 1550;
    Papierhs., XV. Jh.
  Libri 1727;
    Perg., XIV. Jh.
  Cod. CLXVIII;
    Perg., XIII. Jh., Abb., f. 104.

Cambridge:
  Christ Church College.[3])
    E. XII;
    G. XVII;
    L. IV;
    Q. VI;
  University Library.[4])
    Gg. VI. 5. — XV. Jh.
    Ii. IV. 26. — XII. „
    Kk. IV. 25. — XIII. „
    Mm. VI. 15. — XIII. „

Cheltenham:
  Cod. Phillipps 4725 — XIII. Jh.
    „   „   10850 — XV.   „   [5])

---

[1]) Cat. Cod. Mss. Bibl. Bodl. partis quintae fasc. sec. Conf. Gul. D. Macray. Oxonii 1878, p. 26.

[2]) William Henry Black, Cat. of the Mss. bequeathed to the University of Oxford by Elias Ashmole, Esq. Oxford 1845, p. 1414.

[3]) Cat. Libr. Mss. in Bibl. Coll. Corp. Chr. etc. Londini 1722, pp. 16, 22, 32, 52.

[4]) A Cat. of the Mss. preserved in the Libr. of the Univ. of C. Ed. for the Syndics of the University Press. Vgl. vol. III, 1858, p. 215, 463 f., 672. vol. IV, 1859, p. 392.

[5]) Vgl. S. 77 und 178 des Kataloges.

Canterbury:
    Christ Church D. x.[1])
Berlin:
    Kgl. Bibliothek, Hamilton.-Samml. 77; 4⁰; Saec. XII.

Die grosse Zahl der genannten Handschriften legt von neuem Zeugnis ab für die Verbreitung, welche der Physiologus gefunden. Er beeinflusst einen Alexander Neckam und geht ferner über in die grossen naturgeschichtlichen Werke eines Thomas von Canterbury, Albertus Magnus, Vincenz von Beauvais, Bartholomaeus de Glanvilla und anderer. Sie gehören jedoch nicht mehr in den Rahmen der vorliegenden Arbeit, denn bei ihnen hört das Interesse des Litterarhistorikers auf, und es beginnt das des Zoologen.

Es gehört ferner nicht hierher der sogenannte Physiologus des Florinus der Leipziger Universitätsbibliothek, den ich nur deshalb anführe, weil Thomas Warton [2]) die oben angegebene Anspielung Chaucer's auf den Physiologus auf Florinus bezieht, während in Wirklichkeit nur der metrische Physiologus des Theobald oder einer der Prosaphysiologen gemeint sein kann.

3. Die Bearbeitungen in den einzelnen Nationalsprachen.

Von den Bearbeitungen des Physiologus in den einzelnen Nationalsprachen dürfte die angelsächsische die älteste sein. Sie stellt ein Bruchstück, bestehend aus Panther, Walfisch und Rebhuhn, dar, das von Grein [3]) herausgegeben und von Ebert [4]) als in naher Beziehung zu den Berner Handschriften stehend erwiesen worden ist.

Eine Übersetzung des Theobald'schen Physiologus ins Altenglische ist wiederholt abgedruckt worden [5]) (Vgl. Carus 114 f.).

Von Übersetzungen ins Althochdeutsche sind ein Bruchstück aus dem XI. Jahrhundert, eine vollständige Redaktion aus dem XII. Jh. und eine metrische Bearbeitung des Ganzen, ebenfalls aus dem XII. Jahrhundert, bekannt und zum Teil wiederholt herausgegeben. [6])

---

[1]) Cat. of the Books . . . in the Library of Christ Church, Canterbury. 1802, S. 124.

[2]) Warton, Hist. of English Poetry. Ed. by W. Carew Hazlitt, London 1871, vol. II, p. 353.

[3]) Grein, Bibliothek der angelsächsischen Poesie. Bd. 1. Göttingen 1857. S. 233 ff.

[4]) Ebert, der angelsächsische Physiologus, in Anglia VI, S. 241 ff.

[5]) Ths. Wright in: Haupt und Hoffmann, Altdeutsche Blätter. 2. Bd. Leipzig 1840. S. 99 ff.
    Ths. Wright in: Wright und Halliwell: Reliquiae Antiquae. Vol. 1. Lond. 1841, p. 208 ff.
    Maetzner und Goldbeck, Altengl. Sprachproben. Bd. 1. Abt. 1. Berlin 1867. Einl. S. 55—57, Text S. 57—75.

[6]) Das Bruchstück in: F. v. d. Hagen, Denkmale des Mittelalters, Breslau 1824, S. 50 ff.
    Hoffmann, Fundgruben, Teil 1. Breslau, 1824, S. 17 ff.

Was ihre Quelle anlangt, so gehen sie sämtlich auf die Redaktion Göttweih zurück, der sie sich ganz eng anschliessen. [1]) Der Text des isländischen Physiologus, herausgegeben von Moebius [2]), findet sich ins Deutsche übertragen bei Hommel. [3]) Eine Prosabearbeitung in provenzalischer Sprache aus dem XIII. Jh. ist abgedruckt von Bartsch. Sie stellt keinen reinen Physiologus dar, sondern einen Bestiaire im oben angegebenen Sinne, weil sie eine Menge nichtphysiologischer Tiere aufnimmt. Ihr Titel lautet: „Aiso son las naturas d'alcus Auzels e d'Alcunas Bestias.“ [4]) Eine der wichtigsten Redaktionen des Abendlandes überhaupt und zwar ihrer Sprache, ihres Alters und ihrer Ausführung wegen, ist die von dem Anglo-Normannen Philipp von Thaün gegen 1125 in England verfasste, der wir eine nähere Betrachtung gewidmet haben. [5]) Sie ist in ungenügender Weise von Th. Wright nach der Hs. Cott. Nero A. V. des British Museum herausgegeben. [6]) Weitere Hss. sind:

> Kopenhagen 3466; [7])
> Oxford, Merton Coll. 249. [8])

Es folgt nun unser Guillaume mit seinem Bestiaire Divin, über dessen Handschriften und Ausgaben schon oben gesprochen worden ist.

Zu gleicher Zeit verfasste Pierre, ein Geistlicher aus der Picardie, einen Prosaphysiologus in der Sprache von Beauvais, der sich auf das engste an die Hs. Reg. 2 C. XII anschliesst. [9]) — Auf eine neue Hs. sei aufmerksam gemacht: Cheltenham 6739. „Le livre, apelé Bestiaire, translaté de latin en Roumans par Pierre ki le fist par le commandement de l'Evesque Philipon.“

Müllenhoff und Scherer, Denkmäler, 2. Aufl., Nr. LXXXII, S. 204 ff.
Der vollständige Physiologus in:
    Hoffmann, a. a. O. S. 22 ff.
    Graff, Diutiska, Bd. III. 1829, S. 22 ff.
    Massmann, Deutsche Gedichte des 12. Jahrhunderts. 2. Teil. 1837, S. 311 ff.
Die metrische Bearbeitung ist herausgegeben von Th. v. Karajan, Deutsche Sprachdenkmale des 12. Jahrhunderts. Wien 1846. S. 71 ff.
   [1]) Vgl. Mann, Die ahd. Bearb. des Physiologus. Paul und Braune, Beiträge, XI, 310 ff.
   [2]) Th. Moebius, Analecta norroena. Zweite Ausg. Leipzig, 1877. S. 246 ff.
   [3]) Vgl. Hommel a. a. O. S. 99 ff.
   [4]) Bartsch, Chrestomathie provençale. 4e éd. Elberfeld 1880. S. 333 ff.
   [5]) „Der Physiologus des Philipp von Thaün und seine Quellen"; in: Anglia VII, 420 ff.
   [6]) Th. Wright, Popular Treatises on Science written during the Middle Ages. London, 1841. S. 74 ff. — Sehr selten.
   [7]) Abrahams, Descr. des Mss. fr. du moyen âge de la bibl. roy. de Copenhague. Copenhague 1844. No. XIX, p. 44.
   [8]) Paul Meyer, Recueil d'anciens Textes. IIe partie. Paris 1877, p. 286 ff.
   [9]) Herausgegeben von Cahier, Mél. etc. t. II—IV.

In die gleiche Klasse gehört der wohl etwas früher entstandene metrische Physiologus des Gervais, der nach der bisher einzigen Hs. Add. 28260 des British Museum veröffentlicht worden ist von Paul Meyer. [1]

Ich kenne ferner noch drei Fragmente eines flämischen Physiologus, welche enthalten sind in der Handschrift 19571 der königlichen Bibliothek zu Brüssel [2]. — Jakob van Maerlants Schrift „Der Naturen Bloeme" gehört jedoch nicht mehr hierher. [3]

Noch weniger gehört hierher der Bestiaire d'amour des Richard de Fournival, der vom Physiologus nur Titel und Form entlehnt hat, während er sich sonst in einem ganz anderen Ideenkreise bewegt. [4]

Über die von Carus (S. 117 Anm. 31) erwähnte Schrift „Les dictz des bêtes et aussi des oyseaulx". Paris, s. a. 4⁰, wieder abgedruckt Paris, 1830. 8⁰, habe ich nirgends etwas in Erfahrung bringen können.

Ebenso wenig über die von demselben (S. 115, Anm. 22) auf Grund von Thierfelder (Serapeum 1862, S. 231) zitierte Schrift: Sensuyl le bestiaire d'amours, moralisé sur les bestes et oyseaulx le tout par figures et histoyres. Paris s. a. 4⁰, wieder abgedruckt: Paris 1529. 4⁰, welche eine „Nachahmung des Theobald'schen Physiologus in altfranzösischen Versen" sein soll. Ich lese jedoch in dem angeführten Titel für „Sensuyl le bestiaire d'amours" S'ensuyt le b. d'a.; d. h. „Es folgt der Bestiaire d'Amours", und beziehe das Ganze auf Fournival's Schrift. Die Worte stellén sich somit als die Überschrift dar, die demselben in einer Handschrift gegeben wurde. Für meine Ansicht spricht, dass ein Anschluss mit s'ensuit öfters vorkommt und der Ausdruck bestiaire d'amour doch gar zu eigenartig ist, als dass er auf etwas anderes bezogen werden könnte. Der Druck von 1529 dürfte dann wahrscheinlich identisch sein mit dem, den ich kenne: „Imprimé à Paris, par Jehan Trepperel", in 4⁰. goth.

De la Rue [5] spricht von einer altenglischen Übersetzung des Bestiaire Divin Guillaume's, die sich in der Hs. 292 der Bibliothek von „Norlk" befände. Ein „Norlk" existiert nun nicht. In der Meinung, dass für Norlk Norfolk zu lesen sei, wandte ich mich an den Herzog von Norfolk, der eine reiche Sammlung von Handschriften und gedruckten Büchern besitzt, und erhielt zur Auskunft, dass eine derartige Handschrift in seinem Besitze weder sei, noch gewesen sei. Muss ich mich auch mit dieser Antwort vorläufig zu-

---

[1] Paul Meyer, Romania 1872, p. 421 ff. — Über die Physiologen des Pierre und des Gervais behalte ich mir eine ausführlichere Notiz vor.
[2] Cat. des Accroissements de la Bibl. Roy. 8⁰ partie (Année 1846), Bruxelles 1847, p. 130.
[3] Herausgegeben von J. H. Bormans, Acad. Imp. et Roy., Bruxelles 1857.
[4] Fournival, Le Bestiaire d'Amour. Publié par C. Hippeau, Coll. des Écrivains Fr. du Moyen Age, Paris 1860.
[5] De la Rue, Bardes etc. Caen 1834. t. III, p. 23.

frieden geben, so will ich doch wenigstens jetzt schon dem Zweifel Ausdruck geben, dass in der genannten Hs. wirklich eine Übersetzung Guillaume's enthalten sei. Vielmehr spricht alle Wahrscheinlichkeit dafür, dass wir es hier mit einer neuen, direkt auf das Lateinische zurückgehenden altenglischen Bearbeitung zu thun haben.

Von dem bisher unveröffentlicht gebliebenen Volucraire des Guillaume Osmont kenne ich leider viel zu wenig, als dass ich sagen könnte, ob er vielleicht eine Zusammenstellung der im Physiologus enthaltenen Artikel über die Vögel sei, ähnlich wie Philipp von Thaün z. B. mit Bewusstsein seine Typen nach den Kategorieen bestiae, volucres und aves einteilt. Legrand d'Aussy bedauert, dass sich der Dichter an ein solches Werk gemacht habe: „Je regrette, pour la gloire d'Omons, qu'il se soit exercé sur un aussi mauvais ouvrage."[1]) Jedenfalls aber muss es sehr beliebt gewesen sein, da nach Roquefort[2]) noch Jean de Beauveau, Bischof von Angers, dasselbe im XV. Jahrhundert in Prosa umarbeitete. Osmont's Werk ist erhalten in der Hs. Ms. fr. 24 428 = N. D. 18 (Vgl. Not. etc. V, 243).

Über den Physiologus des Leonardo da Vinci handelt in eingehender Weise Springer.[3]) Herrn Prof. Springer verdanke ich auch die Nachricht über die Existenz eines slawischen Physiologus.

Dies ist das letzte Werk, welches an dieser Stelle zu erwähnen wäre, denn Werke wie der Trésor des Brunetto Latini und die Image du Monde bekunden zwar seinen nachhaltigen Einfluss, gehören aber nicht mehr hierher.[4])

4. Schlussbetrachtung und Zusammenstellung.

Betrachtet man nun alle die genannten Redaktionen des Physiologus näher auf ihren Inhalt, so geht daraus zunächst hervor, dass derselbe eine Schrift, die ein Jahrtausend und länger treu vervielfältigt worden wäre, nicht gewesen ist. Wohl verfügt er als Ganzes genommen nur über eine ganz bestimmte Anzahl von Typen, und wohl finden sich einzelne übereinstimmende Handschriften, aber wieviel Typen sie aufnehmen, ist in den allermeisten Bearbeitungen verschieden, und der Text hat immer grössere oder kleinere Umwandlungen und Erweiterungen erfahren. Ferner: den Grundstock bilden immer und immer wieder die uralten Tiermärchen, auf denen die

---

[1]) Legrand d'Aussy, Le Volucraire, in: Not. et Extraits t. V, p. 267.
[2]) Roquefort, de l'état de la poésie franç. etc. Paris 1815. S. 254 ff.
[3]) Springer, Uber den Physiologus des Leonardo da Vinci. Sitzungsberichte der k. s. Gesellschaft der Wissenschaften XXXVI (1884). S. 244 ff.
[4]) Anmerkungsweise sei hier noch auf zwei Werke hingewiesen:
Ms. Ashburnham XXXIV: Cy commence le livre des propriétés des Choses translate de Latin en françois lan CCCLXXII par le commandement du Roy Charles le Quint . . .
Ms. Ashburnham CXLVIII: Le livre des Merveilles et Diversités de ce Monde selon Solin, Gervaise et Plinius, Translate de Latin en françois. — Also Bestiarien im weiteren Sinne.

Deutung beruht. Es geht daraus hervor, dass sich die auffallendsten
Ähnlichkeiten und Übereinstimmungen in den verschiedensten Redaktionen finden, sei es, dass man die armenische mit der isländischen
oder die äthiopische mit der slawischen vergleiche, oder welche man
sonst wolle. Hierdurch sind die meisten, welche Quellenangaben gemacht haben, irre geleitet worden. Will man eine Bearbeitung als
Quelle einer anderen erweisen, so ist, wenn es sich um Übertragungen
aus dem Lateinischen in die Nationalsprachen handelt, zuerst und vor
allen Dingen nötig, dass beide sowohl in der Zahl als auch in der
Reihenfolge der Typen völlig übereinstimmen; denn der Fall dürfte
wohl von vornherein ausgeschlossen sein, dass ein Verfasser nach
mehreren Vorlagen gearbeitet habe. Findet nun eine solche Übereinstimmung statt, so ist noch immer Zweifel möglich: eine Untersuchung von Einzelheiten wird dann das Weitere ergeben.

Ehe ich zu einer solchen übergehe, sei noch kurz gesprochen
über das gegenseitige Abhängigkeitsverhältnis der einzelnen Bearbeitungen. Als älteste lateinische Redaktion gilt bis jetzt die von
Pitra-Mai herausgegebene. Alle anderen, soweit sie veröffentlicht
oder mir handschriftlich bekannt sind, scheiden sich deutlich in zwei
Gruppen, von denen die eine durch die Göttweiher, die andere durch
die Bern-Brüsseler Hss. vertreten wird. Höchst auffällig nun ist es,
dass jenen die althochdeutschen Bearbeitungen folgen, während auf
diese die französischen Bestiaires zurückgehen. Daneben reiht sich
Theobald an. Man kann also dieses Abhängigkeitsverhältnis folgendermassen darstellen:

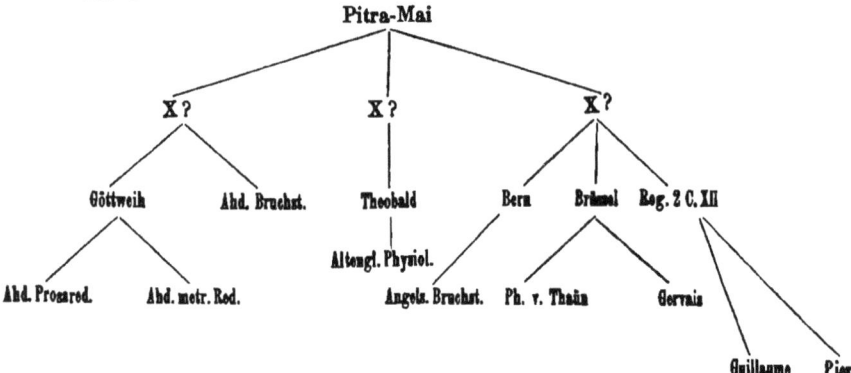

Im Anschluss hieran gebe ich eine Übersicht über die Reihenfolge und Zahl der Typen in den einzelnen Rezensionen, indem ich
Pitra-Mai und Theobald voranstelle, dann die Gruppe der lateinisch-
althochdeutschen und schliesslich die derjenigen lateinischen Bearbeitungen folgen lassen, auf welche die angelsächsiche und die altfranzösischen Uebertragungen sich zurückführen lassen. Diese letzteren
folgen gelegentlich weiter unten.

A. Älteste lat. Redaktion.

Mai:	Pitra:	Mai:	Pitra:
1) Adamas.	(Adamas).	12) —	Foenix.
2) Aquila.	(do.)	13) Formicae.	(do.)
3) Asida.	(do.)	14) —	Fulica.
4) AspisChelone.	(Aspide Chelone).	15) Hyaena.	—
5) Aspides.	(do.)	16) Panther.	(do.)
6) Autolops.	(do.)	17) Pelicanus.	(do.)
7) Charadrius.	(Caladrius).	18) Rhinoceron.	(Rhinoceros).
8) Castor.	(do.)	19) Serra.	(do.)
9) Conchus.	(do.)	20) —	Serpentes.
10) —	Elephanti.	21) Vipera.	(do.)
11) Erinatius.	(Irinatius).	22) Vulpis.	(do.)

B. Theobald.

Metrisch; lat. und altenglisch.

1) Leo.	5) Vulpes.	9) Elephans.
2) Aquila.	6) Cervus.	10) Sirenae et Honocentauri.
3) Coluber.	7) Araneus.	11) Turtur.
4) Formica.	8) Cetus.	12) Panther.

C. Gruppe der lateinisch-althochdeutschen Bearbeitungen.

Göttweih 101, 400, 154. Wien, Cod. lat. 1010.	Ahd. Bruch- stück.	Ahd. Prosa- redaktion.	Ahd. metrische Redaktion.	Cod. Paul. 851, Cod. Paul 1305, Leipzig.	Sloane 278, British Museum. London.
1) De Le- one.	Leo.	Lewe.	Lewe.	De triplici na- tura leonis.	De leone.
2) De pan- thera.	Pantera.	Panthera.	Panthere.	De pantera.	De panthera.
3) Mono- ceros.	Einhurno.	Einhurno.	Einhurn.	De Unicorne.	De monoce- rone.
4) De Ydro.	Idris.	Ydris.	Ydris.	De ydro et coadrillo.	De sirenis et onocentauris.
5) De Sirenis et onocen- thauris.	Sirene un- de ono- centauri	Sirenes et onocen- tauri.	Sirenen unde Onocen- tauron.	De sirenis et onocen- tauris.	De ydri.
6) De hiena.	Igena.	Hinam.	Hinam.	De yena.	De hyena.
7) De Ona- gro (et simia).	Tanesil.	Wildesil unde Affinne.	Onager unde Atfine.	De onagro [et simia].	De mandra- gora [= de elephante].
8) De ele- phante.	Helfant.	Helphant.	Helphant.	De elephante.	De onagro, de simia.
9) DeAutula.	Autula.	Autula.	Autala.	De autula.	De autula.
10) De Serra.	Serra.	Serra.	Serra.	De serra.	De lacerta.
11) DeVipera.	Vipera.	Vippera.	Vipera.	De vipera.	De serra.
12) De la- certa, id est saura.	Lacerta.	Egedehsa.	Egedehsa.	De lacerta.	De vipera.

Göttweih 101, 400, 154 Wien, Cod. lat. 1010.	Ahd. Bruch- stück.	Ahd. Prosa- redaktion.	Ahd. metrische Redaktion.	Cod. Paul. 351, Cod. Paul. 1305, Leipzig.	Sloane 278, British Museum. London.
13) De cervo.	—	Hirz.	Hirz.	De cervo.	De cervo.
14) De capra.	—	Steingeiz.	Steingeiz.	De dracone.	De capra.
15) De Vulpe.	—	Vohe.	Vohe.	De vulpe.	De vulpe.
16) De cas- tore.	—	Piber.	Piber.	De castore.	De asida.
17) De for- mica.	—	Ameize.	Ameizze.	De formica.	De castore.
18) DeEriceo.	—	Igil.	Igil.	De erinatio.	De formica.
19) DeAquila.	—	Are.	Ar.	De aquila.	De herinaceo.
20) De pelli- cano.	—	Sisegoum.	Sisegoum.	De pellicano.	De salaman- dra.
21) De Nocti- corace.	—	Nahtram.	Nahtram.	De noctico- race.	De mustela[et aspide].
22) De fulica.	—	Fulica.	Fulica.	De fulica.	De basilico.
23) De Per- dice.	—	Rephûn.	Rebhuon.	De perdice.	De dracone.
24) DeAssida.	—	Struz.	Strouz.	De strucione.	—
25) DeUpupa.	—	Witehophun.	Witehophun.	De upupa.	—
26) De Cara- drio.	—	Caradrius.	Caradrius.	De caradrio.	—
27) De fenice.	—	Fenix.	Fenix.	De fenice.	—
28) —	—	—	—	De simia.	—
29) —	—	—	—	De vulture.	—
30) —	—	—	—	De turture.	—
31) —	—	—	—	De hirundine.	—
32) —	—	—	—	De ceto.	—
33) —	—	—	—	Lapides pyro- poli.	—
34) —	—	—	—	Agates.	—
35) —	—	—	—	Osterus.	—
36) —	—	—	—	Adamantinus Lapis.	—
37) —	—	—	—	1305: Item de vulture.	—

D. Gruppe der lateinisch-altfranzösischen Bearbeitungen.

Brüssel 10074. X. Jh.	Bern 223. VIII. Jh.	Bern 318. IX. Jh.	Paris 2780. XIII. Jh.	Wolfenbüttel Gud. 131. XII. Jh.
1) Leo.	De nat. Leo tres dicit.	Leo.	Leo.	De Leone.
2) Autolops.	De Autolops.	Animalia ae- saure.	Autula.	Austulapsa.
3) Lapides igni- feri.	De cerabolim lap. igniferi.	Calatrius.	Onocen- taurus.	Serra.
4) Serra.	De serra in mare.	Pelicanus.	Vulpis.	De Cara- drione.
5) Caladrius.	De caladrius.	Nocticorax.	Rinoceron.	De pelicano.
6) Pellicanus.	De pellicano.	Aquila.	Monocheros.	De necticore.
7) Nycticorax.	De nesticorace.	Yppopus.	Castor.	De aquila.
8) Aquila.	De aquila.	Vipera (et ser- pens).	Ydrus.	De foenice.
9) Phoenix.	De fenix.	Formica.	Crocodrillus.	De epopo.
10) Formica.	De uppupa.	Serenae et onocentaurus.	Hyaena.	De onagro.
11) Serenae et onocentauri.	De formice na- tura.	Yricius.	Onager.	De vipera.
12) Vulpes.	De serenis et unocentauris.	Vulpes.	Simia.	De serpente.
13) Unicornis.	De herenacis.	Panther.	*Caper; cf. 27.	De formica.
14) Castor.	De hibes.	Aspidohelune.	Panthera.	De sirene (et onocentau- ris).
15) Hyena.	De vulpe.	Unicornis.	Draco.	De erinatio.
16) Dorcas.	De monoceras.	Cervus.	Mustela.	De vulpe.
17) *Onager; cf. 26!	De castur.	Salamandra.	Cervus.	De arbore perindex.
18) Ydris.	De hiennaque bellua.	Peredexion arbor.	Elephans.	De elifante.
19) Simia.	De hildris.	Autolopa.	Herodius.	De dorcon s. capriola.
20) Perdix.	De corcon.	Serra.	Locusta.	De agate.
21) Isida.	De onagro.	Elifantus et mandra- gora.	Scorpion.	De lapide adamante.
22) Salamandra.	De folica.	Lapis acatus.	Culex.	De onagro.
23) Turtur.	De pantera.	Lapis indicus.	Camelus.	De lapide sen- tidico.
24) Columbae.	De Aspido-ca- lone.	—	Upupa.	De herodie.
25) Epopus.	De perdice.	—	Vipera.	De leone et panterum.
26) *Onager; cf. 17!	De mustella (et aspide).	—	Lacerta.	De celon.
27) Vipera.	De asida-struc- tio.	—	*Capra; cf. 13.	De perdice.
28) Serpens.	De turture.	—	Sirenae.	De vultore.
29) Herinatii.	De cervo.	—	Formica.	De uni- cornium.

Brüssel 10074. X. Jh.	Bern 228. VIII. Jh.	Bern 318. IX. Jh.	Paris 2780. XIII. Jh.	Wolfenbüttel Gud. 131. XII. Jh.
30) Arbor Perindex.	De salamandra.	—	Aquila.	De castore.
31) Elephans.	De simia.	—	Nicticorax.	De cincomone.
32) Agaten.	De carnium esu vel piscium.	—	Fulica.	De hirundine.
33) Adamas.	—	—	Perdix.	De cervo.
34) Lapis sindicus.	—	—	Asida.	—
35) Herodius.	—	—	Phoenix.	—
36) Panthera.	—	—	Pulli hirundinis.	—
37) —	—	—	Milvus.	—
38) —	—	—	Pulli corvorum.	—
39) —	—	—	Aranea.	—
40) —	—	—	Septem virtutes.	.

III.

Guillaume's Quelle.

A. Nachweis.

Wie es bei altfranzösischen Dichtern häufig der Fall ist, so finden wir auch bei Guillaume einen Anhalt über seine Quelle in der Dichtung selbst. Er sagt nämlich gleich im Eingange:

> „Livre de bone comencaille
> Qui avera bone definaille
> E bon dit e bone matyre
> Vielt Guilliame en romanz escrire.
> De bon Latin ou il le troeve
> Ceste overaigne fu faicte noeve
> E tenz que Phelipe tint France.
> Hippeau, V. 5 ff.
> Cah. II, 111, a 5 ff.

Demnach benutzte Guillaume eine lateinische Vorlage, und zwar kann das „fu faicte noeve" nicht anders ausgelegt werden, als dass er dieselbe thunlichst wörtlich übertrug. Über ihren Charakter giebt er weiteren Aufschluss, indem er in den Versen:

Hippeau 118,
Cah. II, 113, b 5;
Hippeau 1250,
Cah. II, 210, a 10;
Hippeau 1501,
Cah. III, 205, a 9;

Hippeau 1055,
Cah. II, 200, a 1;
Hippeau 1494,
Cah. III, 205, a 2;
Hippeau 2389,
Cah. II, 152, b 19;

Hippeau 3245 (im Auszuge aus dem Besant);
seine Quelle als einen Bestiarius näher bezeichnet und an einer Stelle
folgendermassen charakterisiert:

Kar en cest livre nos aprent
Natures de (Hs: e) bestes e mors,
Non de totes, mes de plusors,
Ou mult avera moralite
E bon pas de divinite,
Ou l'en porra essample aprendre
De bien fere e de bien aprendre.

Es fragt sich nun: hat Guillaume ausser diesem Bestiarius noch
andere Quellen zu Rate gezogen?

Er selbst nennt keine weiter, sondern giebt nur noch folgende
unbestimmte Hinweise, indem er sich beruft auf:

l'escrit	Hipp. 212, Cah. II, 114, b 32;
le livres	Hipp. 346, Cah. II, 177, a 14;
	Hipp. 1757, Cah. III, 227, a 7;
	Hipp. 1902, Cah. III, 210, a 20;
l'estoire escrite	Hipp. 518, Cah. II, 138, 12;
la lettre	Hipp. 2556, Cah. III, 269, a 11;

Hipp. 2674, Cah. III, 273, b 12; Hipp. 2772, Cah. III, 285, a 7;
Hipp. 2917, Cah. III, 280, b 11; Hipp. 3002, Cah. IV, 60, b 2;
Hipp. 3158, Cah.: Alcons dient.

Hiervon sind die Zitate der Verse 212, 346, 1757, 2556, 2772
und 2917 unzweifelhaft auf den Physiologus zu beziehen, weil sie in
der Erzählung von Thatsachen angeführt werden, welche nur aus
jenem entnommen sein können. Mit den übrigen steht es anders, sie
finden sich in Abschnitten, die man sämtlich auf Isidor's von Sevilla
Etymologieen zurückleiten kann. Da aber Isidor's Name oder Werk
an keiner Stelle der Dichtung genannt wird und die betreffenden
Verweise in Ausdrücken gehalten sind, die, wie wir eben gesehen
haben, auch zur Bezeichnung des „Bestiarius" gebraucht werden, so
halte ich mich zu dem Schlusse berechtigt, dass Guillaume alle jene
Zusätze, welche den einzelnen Physiologuskapiteln teils eingeflochten,
teils angefügt sind, nicht direkt aus dem erwähnten Schriftsteller
entlehnt hat, sondern in seiner Vorlage vorfand und auf Grund
der Vorlage in Verse brachte.

Dieselbe muss also die Physiologusartikel in der Reihenfolge des Bestiaire Divin aufgewiesen haben und dazu alles, was
sich auf Isidor zurückführen lässt, aber ohne dessen Namen zu nennen.

Eine solche lateinische Redaktion habe ich aufgefunden in der Handschrift Reg. 2 C. XII des British Museum. Diese Handschrift, von einer Hand als „Liber Thome de Bred, Abbatis Gloucestrie" und von anderer als „Liber Monasterii S. Petri Gloucestrie" bezeichnet, enthält an dritter Stelle einen Bestiarius, welcher folgenden Titel trägt: „Incipit liber de natura quorundam animalium, et lapidum, et quod significetur per eam." Der Text findet sich auf fol. 133ᵃ—146ᵇ in zwei Reihen auf jeder Seite, aber ohne Abbildungen. Die Initialen sind rot oder blau gemalt, und über den einzelnen Artikeln stehen in roter Tinte geschriebene Inhaltsangaben. Auf dem freien Raume neben den Textreihen sind häufig auf den Inhalt bezügliche Anmerkungen zu finden, wie „Leo timet gallum album" oder: „Immunda animalia, quomodo assimilantur Christo, quomodo diabolo", u. a. m. Dem Ganzen stellt der Schreiber ein Inhaltsverzeichnis voran. Ich gebe dasselbe im Folgenden wieder, zugleich mit dem völlig entsprechenden Guillaume's.

1)	De	tribus naturis leonis.	Del Lion.
2)	„	autalops.	„ Aptalops.
3)	„	lapide igniferi quem vocant terebolem.	„ mont ardant.
4)	„	serra in mari.	De Serra.
5)	„	chelindro.	Del Kalaundre.
6)	„	pelicano.	„ pellican.
7)	„	nicticorace.	„ nicticorace.
8)	„	aquila.	„ aigle.
9)	„	fenice.	„ phenix.
10)	„	huppupa.	De la hupe.
11)	„	tribus naturis formice.	Del formi.
12)	„	sirena et onocentauro.	(De la seraine).
13)	„	herinaceo.	De le hericon.
14)	„	ibice.	Del ybex.
15)	„	vulpe.	„ renard.
16)	„	monocero.	„ unicorne.
17)	„	castore.	„ bievre.
18)	„	hiena.	(Hyene).
19)	„	hidris.	(Ydrus).
20)	„	dorcon.	(De la chievre).
21)	„	honagro.	(Del asne savage).
22)	„	simia.	(Singe).
23)	„	fulica.	[Fulica] [1].
24)	„	panthera.	(Panthiere).
25)	„	duabus naturis aspidis celonis.	De la cete.
26)	„	perdice.	„ „ perdris.
27)	„	mustela.	„ „ belet. De la serpent.
28)	„	assida et strucione.	(Del ostrice).
29)	„	turture.	De la turtre.
30)	„	cervo.	Del cerf.
31)	„	salamandra.	De la salamandre.
32)	„	columbarum naturis.	(Li coloms).

[1] Der afrz. Text nennt den Namen dieses Vogels nicht.

33) De arbore peredixion.   *Paredixion.*
34) „ elephanto.   *Del olifant.*
35) „ amos propheta.   —
36) „ adamante.   *Del Aimant.*
37) „ mirmicolion.   —

Nach dem Inhaltsverzeichnisse setzt der Schreiber von Reg. 2 C. XII noch hinzu: „*Sunt omnes triginta VII expliciunt capitula. (p)rima virtus* (sc. leonis) *cap.* I." Die Hs., aus Pergament, stammt aus dem XIII. Jahrhundert. Ausser dem an letzter Stelle stehenden Bestiarius enthält sie noch diese Schriften:

1) Commentarius in Cantica Canticorum. Fol. 1ᵃ—72ᵇ.

2) Isidori Hispalensis Episcopi Commentarii in Pentateuchum, Josuam, Judices, Ruth et Regum 4 Libros. Fol. 73ᵃ—132ᵇ.

Ich lasse nun den Wortlaut dieses Bestiarius getreu nach der Handschrift folgen und bemerke dazu, dass ich mir Änderungen nur in wenigen, ausdrücklich hervorgehobenen Fällen erlaubt habe. Auch die Interpunktion schliesst sich möglichst eng an die der Handschrift an.

B. Text der Quelle.

(fol. 133ᵃ) I. **De natura leonis, bestiarum seu animalium regis.**

Etenim Iacob benedicens filium suum Iudam ait (Gen. 49, 9): „Catulus leonis Iudas filius meus, quis suscitabit eum?" Fisiologus dicit tres naturales habere leonem.

Prima: ambulat in montibus, et si contigerit, ut queratur a venatoribus, venit odor venatoris et de cauda sua post tergum cooperit vestigia sua quocumque ierit, ut secutus venator per vestigia eius non inveniat cubile eius, et capiat eum.

Sic et Salvator Noster „spiritualis leo de tri(*2. Reihe*)bu Iuda, radix Iesse, filius David" (Apoc. 5, 5), missus a superno patre, cooperuit intelligentibus vestigia deitatis sue. Et hoc est: factus est cum angelis angelus, cum archangelis archangelus, cum thronis thronus, cum potestatibus potestas, donec descendit in uterum virginis, ut salvaret hoc quod erraverat humanum genus. Ex hoc ignorantes eum ascendentem ad patrem hi qui sursum erant angeli, dicebant ad eos qui cum Domino ascendebant (Ps. 24, 8 f.): „Quis est iste rex glorie?" Responderunt illi: „Dominus virtutum ipse est rex glorie."

(Secunda natura). Cum dormierit, oculi eius vigilant, aperti enim sunt, sicut in Canticis Canticorum testatur sponsus dicens (Hohes Lied 5, 2): „Ego dormio et cor meum vigilat." Ethimo-

logus[1]): Dominus meus obdormiens in cruce et sepultus, deitas eius
vigilabat. „Ecce non dormiet qui custodit Israel" (Ps. 121, 4).
(Tercia natura). Cum leena parit catulum, generat eum mortuum
et custodit eum mortuum tribus diebus, donec veniens pater eius
die tercio insufflet in faciem eius et vivificet eum.
Sic omnipotens pater Dominum Nostrum Iesum Christum filium
suum tercia die suscitavit a mortuis, dicente Iacob (4. Mos. 24, 9):
„Dormitabit tanquam leo, et sicut catulus leonis. Quis suscitabit eum?"

(Ethimologia).

Bestiarum vocabulum proprie convenit leonibus, pardis, vulpibus,
tygribus, lupis et simiis, ursis et ceteris, que vel ore, vel unguibus
seviunt, exceptis serpentibus. Bestie autem dicuntur a vi qua seviunt.
                                Is. Et. XII, II, 1 (Ar. IV, 50 f.).
Fere appellantur, eo quod naturali utuntur libertate et desiderio
suo ferantur. Sunt enim libere eorum voluntates, et huc atque illuc
vagantur, et quo animus duxerit, eo feruntur.
                                Is. Et. XII, II, 2 (Ar. IV, 51).
Leonis vocabulum ex greca origine inflexum est in latinum.
Grece enim leon (fol. 133 b 1) vocatur, et ex parte corrumpitur.
Leena vero a leone, sicut dicitur dracena a dracone. Leo autem
grece, latine rex interpretatur, eo quod princeps sit omnium bestiarum.
                                Is. Et. XII, II, 3 (Ar. IV, 51).
Cuius genus tripharium dicitur, e quibus breves [sunt] et iuba
crispa, et sunt imbelles; longi et coma simplici acres. Animos eorum
frons et cauda indicat, et virtus eorum in pectore, fir-
mitas in capite. Septi a venatoribus venabulis terren-
tur. Rotarum timent strepitus et magis ignes, et cum ti-
meantur ab omnibus, gallum timent album.
                                Is. Et. XII, II, 4 (Ar. IV, 51).
Cum dormit, oculi eius vigilant. Cum ambulat, cauda operit
(sic! cooperit) vestigia sua. Cum parit catulum, tribus diebus et
tribus noctibus fertur dormire, donec advenientis patris rugitu et fre-
mitu tremefactus excitetur.   Is. Et. XII, II, 5 (Ar. IV, 51)
Et partem nature leonis homo fertur habere, quia
nisi lesus facile non irascitur. Patet enim eorum
misericordia assiduis exemplis. Prostratis enim par-
cunt, captivos obvios repedare permittunt, hominem
non nisi magna fame perimunt.
                                Is. Et. XII, II, 6 (Ar. IV, 51 f.)

II. (De antalops). (capitulum II.)

Est animal acerrimum nimis, ita ut nec venator possit ei appropinquare. Habet autem longa cornua serre figuram habentia, ita ut

---

[1]) Corruptel für: Etenim corporaliter.

possit etiam arbores altas et magnas secare et ad terram deponere. Et cum sitit, venit ad magnum flumen eufraten, et bibit. Est autem ibi frutex qui dicitur grece herecine, habens virgulta subtilia atque prolixa. Veniens autem incipit ludere cornibus suis ad herecinam, et dum ludit, obligat cornua sua in virgultis eius. Cum autem diu pugnans liberari non potest, exclamat voce magna. Audiens autem venator vocem eius, venit et occidit eum.

Sic et tu, homo Dei, qui stu(*2. Reihe*)des sobrius esse et castus et spiritualiter vivere, cuius duo cornua sunt [duo] testamenta per que potes resecare et abscidere a te omnia vicia corporalia: „Hoc est adulterium, fornicationem, avariciam, invidiam, superbiam, homicidium, detractionem, hebrietatem, luxuriam et omnem huius seculi pompam" (Gal. 5, 19 f.). Tunc congaudent tibi angeli et omnes virtutes celorum. Cave ergo, homo Dei, ebrietatem, nec obligeris luxurie voluptate, ut non interficiaris a diabolo. „Vinum enim et mulieres apostatare faciunt homines a Deo" (Jesus Sirach 19, 2).

III. De lapidibus quos [sic!] vocantur terobolem.

Sunt lapides igniferi in quodam monte orientis, qui grece dicuntur terobolem, masculus et femina. Isti, quando longe sunt ab invicem, ignis in eis non accenditur; cum autem casu appropinquaverit femina masculo, statim ignis accenditur ita ut ardeant omnia, que sunt circa illum montem.

Unde et vos, homines Dei, qui istam vitam geritis, separate vos longe a feminis, ne cum appropinquaveritis ad invicem, accendatur in vobis ignis ille geminus, et consumat bona que Christus contulit in vobis. Sunt enim angeli sathane qui semper impugnant iustos, non solum sanctos viros, set eciam feminas castas. Denique Sanson et Ioseph ambo per mulieres temptati sunt. Unus vicit, alter victus est. Eva et Susanna temptate sunt. Hec vicit, illa victa est. Custodiendum est igitur cor, et divinis preceptis omnimodis monendum. Nam amor feminarum quarum peccatum ab inicio cepit — id est ab Adam — usque nunc in filios inobedientie debacatur.

IV. (De serra.)

Est belua in mari, que dicitur serra, pennas habens immanes. *(fol. 134ᵃ 1).* Hec cum viderit in mare navem velificantem, elevat pennas suas et contendit velificare cum nave. Ubi autem contendit currere contra navem stadiis XXXᵘ vel XL ᵘ, laborem non sustinens deficit, et deponens pennas, ad se trait eas; unde vero maris iam lassum reportant eum ad pristinum locum suum in profundum.

Mare autem seculi huius figuram gerit. Naves vero iustorum habent exemplum, qui sine ullo periculo vel naufragio fide transierunt per medias huius mundi procellas ac tempestates et mortiferas vicerunt undas, id est huius seculi contrarias potestates. Serra vero, id est illa belua, que voluit velificare cum navibus, figuram gerit eorum, qui in iniciis ceperunt quidem in operibus bonis manere, postea vero non permanentes in eis victi sunt „cupiditate, superbia, ebrietate, luxuria" ac diversis viciorum generibus, que illos tanquam fluctuantes maris unde mergunt usque ad inferos. „Qui vero permanserint usque in finem, hi salvi erunt" (Matth. 24, 13).

V. De caladrio.

Est volatile quod dicitur caladrius. De hoc scriptum est in Deuteronomio (Deut. 14, 18): „Non manducandum." Phisiologus dicit de hoc, quia totus albus est, nullam partem habens nigram. Cuius interior femur curat caliginem oculorum. Istud in atriis regum invenitur. Si quis autem est in egritudine constitutus, per hunc caladrium cognoscitur, si vivet an morietur. Si enim est infirmitas hominis ad mortem, mox, ut viderit infirmum, avertit faciem suam ab eo, et omnes cognoscunt, quia moriturus est. Si autem infirmitas eius non pertingit ad mortem, intendit faciem eius caladrius et assumit omnes infirmitates eius (2. R.) infra se et volat in aera solis et comburit infirmitates eius et dispergit eas et sanatur infirmus.

Caladrius igitur personam accepit Nostri Salvatoris. Totus est candidus Dominus Noster nullam habens nigri[tu]dinem, sicut ipse testatus est (Joh. 14, 30): „Venit ad me princeps huius mundi et in me non invenit quicquam;" „qui peccatum quippe non fecit, nec inventus est dolus in ore eius" (1. Petri 2, 22). Venit autem de excelsis celis suis ad infirmum populum Iudeorum: ille avertit faciem suam ab eis propter incredulitatem eorum. Convertit se ad nos gentes, tollens infirmitates nostras, et peccata nostra (Ps. 53, 4) portans exaltatus est in ligno crucis. „Ascendens enim in altum, captivam duxit captivitatem nostram, dedit dona hominibus" (Eph. 4, 8). Etenim qui non crediderunt, non receperunt eum. „Quotquot autem receperunt eum, dedit eis potestatem filios Dei fieri, his qui credunt in nomine eius." (Joh. 1, 11 f.).

Set forsitan dicis, quia caladrius immundus est secundum legem. Certum est. Set et serpens immundus est, et Iohannes testatur de eo dicens, quoniam „sicut Moyses exaltavit serpentem in deserto, sic exaltari oportet filium hominis" (Joh. 3, 14). Et alibi dictus est (Gen. 3, 1): „prudentior omnium bestiarum." Similiter et leo et aquila immunda sunt, set ille ferarum rex est et ille volatilium. Secundum ergo regnum Christo assimilata sunt, secundum rapacitatem vero diabolo. Et alia quidem multa sunt in creaturis habentia duplicem intellectum. Alia quidem sunt laudabilia, alia vituperabilia et differencia, sive morum, sive nature distancia.

VI. (De pelicano).

(fol. 134 b 1) Dicit David in psalmo centesimo primo: „Similis factus sum pelicano solitudinis." (Ps. 102, 7). Phisiologus dicit de pelicano, quoniam amator est filiorum nimis. Cum enim genuerit natos et ceperint crescere, percutiunt parentes suos in faciem. Parentes autem eorum irati repercuciunt eos et occidunt. Tercia vero die mater eorum percuciens costam suam aperit latus suum et incumbit super pullos et effundit sanguinem suum super corpora filiorum suorum mortuorum, et sic sanguine suo suscitat eos a mortuis. Ita et Dominus Noster Iesus Christus per Ysaiam prophetam dicit (Jes. 1, 2): „filios genui et enutrivi, ipsi autem spreverunt me." Genuit igitur autor et conditor tocius creature, omnipotens Dominus, nos et cum non essemus, fecit ut essemus. Nos vero e contrario percussimus eum in faciem servientes in conspectu eius creature, non creatori. Iccirco ascendit Dominus Noster Iesus Christus in altitudinem crucis et percusso latere eius exivit sanguis et aqua in salutem nostram et vitam eternam. Aqua enim est baptismi gratia, sanguis vero eius calix novi et eterni testamenti quem accipiens in sanctis manibus suis gratias agens benedixit, et dedit nobis potum in remissionem peccatorum et vitam eternam. Amen.

Ethim[ologia].

Pelicanus avis egiptia, habitans in solitudine nili fluminis, unde et nomen sumpsit. Nam canopus egiptus dicitur. Fertur pullos suos occidere et per triduum lugere, et deinde se ipsam vulnerare et aspersione sanguinis eos vivificare.

Is. Et. XII, VII, 26 (Ar. IV, 92).

Pelicanorum vero duo genera. Unum in aquis habitans, et esca eius *(2. R.)* pisces sunt. Alterum in solitudine habitans, et esca eius animalia venenata, hoc est lacerte, serpentes, cocodrilli; et vocantur latine honocrotalia, id est longa rostra habentia. Honocrotalon enim grece, longum rostrum dicitur latine.

Anlehnung an Is. Et. XII, VII, 32 (Ar. IV, 94).

VII. De nicticorace, que et noctua dicitur.

De nicticorace in eodem psalmo dicitur (Ps. 102, 7): „Factus sum sicut nicticorax in domicilio." Nicticorax inmundus est, et tenebras amat magis quam lucem.

Hic figuram gerit populum Iudeorum qui advenientem Dominum et Salvatorem Nostrum ad salvandum eos repulerunt eum a se, dicentes (Joh. 19, 15; Joh. 9, 29): „Nos regem non habemus, nisi cesarem, hunc autem, quis sit, nescimus." Et magis dilexerunt tenebras quam lucem. Tunc Dominus convertit se ad nos gentes et illuminavit nos

„sedentes in umbra mortis et tenebris" (Jes. 9, 2). Et in regione umbre mortis lux orta est nobis. De hoc populo Salvator per prophetam dicit: „Populus quem non cognovi servivit michi." Et alibi: „Vocabo non plebem meam plebem meam et non dilectam meam dilectam meam" (Hos. 2, 23; Röm. 9, 25). De illo autem populo Iudeorum qui „amaverunt magis tenebras quam lucem" (Joh. 3, 19) dicit Dominus in psalmo (Ps. 17, 46): „filii alieni mentiti sunt mihi, filii alieni inveterati sunt et claudicaverunt a semitis suis." — Nicticorax ipsa est et noctua, et est avis lucifuga, et solem videre non patitur.

VIII. De aquila.

De aquila dicit David in psalmo c. secundo (Ps. 103, 5): „Renovabitur ut aquile iuventus tua." Fisiologus dicit de aquila talem habere naturam: cum senuerit, gravantur ale eius et obducuntur oculi eius caligine. Tunc querit fontem aque et contra eum fontem evolat in altum usque ad etheram solis, et ibi incendit alas suas, et caliginem oculorum comburit de radiis solis. Tunc demum descendens ad (fol. 135ᵃ 1) fontem trina vice se mergit et statim renovatur tota, ita ut alarum vigore et oculorum splendore multo melius renovetur.

Ergo et tu, homo, sive Iudeus sive gentilis, qui vestimentum habes vetus et caligantur oculi cordis tui, quere spiritualem fontem Domini qui dixit (Joh. 3, 5): „Nisi quis renatus fuerit ex aqua et spiritu sancto, non potest intrare in regnum celorum." Nisi ergo baptizatus fueris in nomine patris et filii et spiritus sancti et sustuleris oculos cordis tui ad Dominum, qui est sol iusticie, non renovabitur ut aquile iuventus tua.

Ethimologia.

Aquila ab acumine oculorum dicitur. Tanti enim intuitus eius esse dicitur, ut cum super ethera elevatur, pisces in mari vel in flumine natantes videat. Sicque ab alto advolans pisces rapit et ad litus trahit.

Is. Et. XII, VII, 10 (Ar. IV, 88 f.).

Cum vero contra radios solis ponitur, visum non flectit. Denique pullos suos unguibus suspensos radio solis obicit. Et quos immobiles viderit tenere oculorum aciem contra solem, velut dignos genere conservat. Et quos viderit flectere oculos, quasi degeneres abicit.

Is. Et. XII, VII, 11 (Ar. IV, 89).

IX. De fenice.

Est aliud volatile, quod dicitur phenix. — Huius figuram gerit Dominus Noster Iesus Christus, qui dicit in Evangelio suo (Joh. 10, 18): „potestatem habeo ponendi animam meam et iterum sumendi eam." Propter hec verba irati sunt Iudei et volebant eum lapidare. (Joh. 31, 33).

Est ergo avis in indie partibus que dicitur phenix. De hac dicit Phisiologus, quia expletis quingentis annis vite sue intrat in lignis libani et replet utrasque alas diversis aromatibus. Et quibusdam indiciis significatur sacerdoti civitatis eliopolis mense novo, id est nisan, aut adar, id est sarmat, *(2. R.)* aut famenoht, quod est aut marcio, aut aprili mense. Cum autem hoc significatum fuerit sacerdoti, ingreditur, et implet aram de lignis sarmentorum. Cum advenerit volatile, intrat in civitatem eliopolim impletum omnibus aromatibus in utrisque alis suis. Et statim videns factam struem sarmentorum super aram, ascendit, et circumvolvens se de aromatibus ignem ipse sibi incendit et se ipsum urit. Alia autem die veniens sacerdos exustaque ligna, que composuit super aram, scrutans, invenit ibi vermiculum modicum suavissimo odore fragrantem. Secundo vero die invenit iam aviculam figuratam. Rursum tercia die veniens sacerdos invenit eam iam in statu suo integram atque factam avem fenicem. Et vale dicens sacerdoti evolat et pergit ad locum suum pristinum.

Si vero volatile hoc potestatem habet mortificandi se, quo modo stulti homines irascuntur in verbo Domini Nostri, qui ut verus homo et verus Dei filius potestatem habuit ponendi animam suam et iterum sumendi eam. Ergo sicut iam supra diximus personam accipit Salvatoris Nostri, qui de celo descendens alas suas replevit suavissimis odoribus novi ac veteris testamenti, sicut ipse dixit (Matth. 5, 17): „non veni legem solvere, sed adimplere." Et iterum (Matth. 13, 52): „sic erit omnis scriba doctus in reg[n]o celorum, proferens de thesauro suo nova et vetera."

Ethimologia.

Fenix, arabie avis, dicta, quod colorem feniceum habeat, vel quod sit in toto orbe singularis et unica. Nam arabes singularem et unicam fenicem vocant. Hec quingentis et ultra annis vivens, dum se viderit senuisse, collectis aromatum *(fol. 135 b 1)* virgultis rogum sibi instruit et conversa ad radium solis alarum plausu voluntarium sibi incendium nutrit, sicque iterum de cineribus suis resurgit.

Is. Et. XII, VII, 22 (Ar. IV, 91).

X. De huppupa.

Dictum est in lege (Ex. 20, 12): „honora patrem tuum et matrem tuam." Et iterum: „qui maledixerit patri et matri, morte moriatur." Phisiologus dicit: est avis que dicitur huppupa. Horum filii, cum viderint parentes suos senuisse, ut neque volare possint, neque videre pre caligine oculorum, tunc filii eorum evellunt vetustissimas pennas parentum suorum et linniunt oculos parentum suorum et fovent eos sub alis suis, donec recrescant penne eorum et reilluminentur oculi eorum, ita ut toto corpore suo renovari possint,

et sicut antea videre et volare.   Et postea gratias illi filiis suis
agunt, qui tam pie excequium sibi prebuerint.   Et dicunt illis
filii sui: Ecce, parentes dulcissimi, sicut vos ab infancia educastis
nos et omnem laborem vestrum impendistis circa nos, eadem servicia
obsequiorum in senectute vestra dependimus vobis.
Si hoc irrationabiles invicem sibi fatiunt, quomodo homines,
cum sint rationabiles, parentum suorum nutrimenta reddere nolunt.

Ethimologia.

Huppupa ideo greci vocant, quod humano stercore
et fetenti pascatur fimo, in sepulcris habitans.   De
cuius sanguine si quis inungitur, quando voluerit dormire, demones
se suffocare videbit.   Is. Et. XII, VII, 66 (Ar. IV, 100).

XI. De prima natura formice.

De formica ita| Salomon dicit: „vade ad formicam, o piger,
meditare eam, que cum sit *(2. R.)* viribus infirmior, multum sibi per
estatem frumentum reponit."
Phisiologus dicit tres naturas habere formicam.   Prima eius
natura est: Cum exierint de spelunca sua, ambulant ordinatim et
querunt grana cuiuslibet seminis.   Cum autem invenerint, cum ore
apprehendunt singula grana portantes in speluncam suam.   Alie vero
formice, non habentes grana in ore suo, set sic vacue obviantes
eis, que cibaria vehunt in ore suo, non dicunt eis: date nobis de
annona vestra, sed vadunt querentes per vestigia illarum et sumunt
sicut et ille, et afferunt in habitaculis suis.
Et hec dicta sunt de irrationalibus animalibus, atque infirmis
reptilibus, quod tam prudenter agunt et nulla illarum stulta remanet,
sed omnes argute et sapientes inveniuntur.   Quanto magis ille quinque virgines rationabiles que per negligentiam suam facte sunt stulte,
debuerunt imitari illas quinque sapientes et sumere sibi oleum in
vasis suis, unde ille sumpserunt, et non per desidiam ac per stulticiam suam peterent ab illis sapientibus dicentes: „date nobis de oleo
vestro" (Matth. 25, 8).   O tam fatua stulticia.   Iam si ex se intelligere non potuerunt, ut exinde peterent unde et ille pecierunt,
vel formicarum sollertiam imitari debuissent.   Sed dum de alienis
vasis oleum sperant, superveniente sponso remanserunt stulte cum
lampadibus extinctis.

De secunda natura.

Quando recondit grana in spelunca sua, dividit illa per medium,
ne in hieme defecta semina illata infundat.
Et tu, homo Dei, scripturam veteris testamenti divide in duas
partes *(fol. 136ᵃ 1)*, hoc est secundum istoriam et secundam spiritualem intellectum.   Divide veritatem a figura, separa spiritualia a

corporalibus, transcende aliter (sic! — a litera —) [ad] spiritum vivificantem, ne littera germinante in die hiemis, id est in die iudicii, fame pereas. Dicit enim Apostolus: „lex spiritualis est, non corporalis" (Röm. 7, 1), „litera occidit, spiritus autem vivificat" (2. Kor. 3, 6). Et alibi: „hec autem omnia in figura contingebant illis, scripta sunt autem propter nos, in quos finis seculorum devenerunt" (1. Kor. 10, 11). Judei enim literam sequentes spiritualemque spiritum contempnentes facti sunt prophetarum interemptores, ac sui domini interfectores. Et ideo nunc usque fame pereunt, quia in manibus paleis vacantes triticum perdiderunt. Tu vero, homo Dei, rade virgas et tolle corticem earum, ut oves tue mundos et spirituales fructus, non carnales ac viciosus faciant fetus. Hec autem omnia spiritualibus sunt credentibus intelligibilia, non credentibus autem non intelligibilia.

De tercia natura.

Tempore messis inter segetes ex odore intelligit, an ordeum sit spica illa, an triticum. Si autem fuerit ordeum, transit ad aliam spicam et odoratur. Et cum senserit, quia spica tritici est, ascendit sursum in spicam et tollens inde granum, deponit et portat (eum) in habitaculum suum. Ordeum enim brutorum animalium cibus est. Denique Iob dicit (Hiob 31, 10): „pro tritico providi ordeum michi." Hoc est doctrinam hereticorum. Ordeicee enim sunt et pro scopulis abitiende que dirumpunt et interficiunt animas hominum hereses. Fuge igitur Sabellium et Donatum et Fotinum et omnes qui ex arriana stirpe tanquam ex utero draconis, serpentini fetus prodeunt. Horum omnium dogmata falsa, atque inimica (2. R.) sunt veritati.

Ethim[ologia].

Formica dicta, quod ferat micas farris, cuius sollercia multa est. Providet enim in futurum et preparat sibi, quod in hieme comedat, et eligit triticum, ordeum vero non tangit. Dum pluit super frumentum eius, totum eicit. Dicuntur et in ethiopia esse formice ad formam canis. Harenas aureas pedibus eruunt, quas custodiunt, ne quis auferat, auferentesque ad necem persecuntur. Is. Et. XII, III, 9 (Ar. IV, 62 f.). Set hi qui volunt ab eis aurum arripere, accipiunt equas cum iuvenibus pullis et fame affligunt eas tribus diebus. Deinde religant pullos earum ad litus aque, que currit inter eos et formicas, et equas agunt trans aquam illam impositis clitellis super dorsum earum. Que ubi vident trans flumen herbam virentem, pascuntur per campos ultra flumen. Formice autem videntes scrinia et clitellas super dorsum earum, comportant aureas harenas in eas, volentes eas ibi recondere. Vesperascente autem die, postquam saciate sunt

eque, et auro honuste, audiunt pullos suos hinnientes
propter famem et ita regrediuntur ad eos cum auro
multo.   Quelle?
    Est aliut animal, quod formicaleon dicitur, quod
est vel formicarum leo, vel certe formica pariter et
leo. Est animal parvum, formicis satis infestum, ita
ut se in pulvere abscondat et formicas frumenta gu-
stantes (sic!—gestantes—) interficiat. Proinde autem
leo et formica vocatur, quia aliis animalibus ut formica est, formicis autem leo.
Is. Et. XII, III, 10 (Ar. IV, 63).

XII. De sirenis.

    Ysaias dicit (Jes. 13, 22): „syrena et demonia stabunt in Babi-
lonia, et herinatius et honocentaurus habita(fol. 136ᵇ 1)bunt in domibus eorum." Sirene, inquid (sic!), animalia sunt mortifera. Phisiologus describit: usque ad umbilicum figuram hominis habent, ex-
trema vero pars usque ad pedes volatilis habet figuram, et musicum
quoddam ac dulcisonum melodie cantum canunt ita ut per suavitatem
vocis auditus hominum a longe navigantium mutent et ad se trahant,
ac nimia suavitate modulationis prolixe aures ac sensus eorum deli-
nientes in sompnum vertant. Tunc deinde, cum viderint eos gravis-
simo sompno sopitos, invadunt eos et dilaniant carnes eorum, ac sic
persuavis voces soni (sic!—persuasione vocis—) ignaros et insipientes
homines decipiunt et mortificant sibi.
    Sic et illi qui deliciis huius seculi et pompis et theatralibus vo-
luptatibus delectantur, tragediis ac comediis dissoluti velut gravi
sompno sopiti adversariorum preda efficiuntur.
    Onocentaurum duabus naturis constare Phisiologus asserit, id est
superior pars hominis similis, inferioris vero partis membra sunt nature valde agrestis.
    Huic assimilantur vecordes atque bilingues homines informes
(sic!—biformes—) dicente Apostolo (2. Tim. 3, 5): „habentes autem
promissiones, pietatis virtutem autem abnegantes." Propheta David
dicit (Ps. 49, 21): „homo cum in honore esset, non intellexit;
comparatus est iumentis insipientibus, et similis factus est illis."

Ethim[ologia].

    Sirenas tres fingunt fuisse, ex parte virgines et ex parte volu-
cres, habentes alas et ungulas. Quarum una voce, alia tibiis, tercia
litera (sic!—lyra—) canebat. Que indoctos navigan(2. R.)tes pro
cantu naufragio periclitari faciebant.
Is. Et. XI, III, 30 (Ar. IV, 35).
    Secundum veritatem autem meretrices fuerunt, que transeuntes
deducebant ad egestatem, et his dicuntur inferre naufragia. Alas

autem habuisse et ungulas, quia amor et volat et vulnerat. Que ideo in fluctibus commorasse dicuntur, quia fluctus in Venerem creaverunt. Is. Et. XI, III, 31 (Ar. IV, 35 f.). Onocentaurus autem vocatur, eo quod media specie sit homo, media vero asinus. Is. Et. XI, III, 39 (Ar. IV. 39).

XIII. De herinatio.

Phisiologus dicit, quod herinatius figuram habet porcelli lact[a]ntis. Hic deforis totus est spinosus. Sed tempore vindemiarum ingreditur in vineam, et ubi viderit uvam bonam, ascendit super vitem et exacinat uvam illam, ita ut cadant omnes racemi in terram. Deinde descendit et volutat se super illos ita ut omnes racemi figantur in spinis eius, et sic portat escam filiis suis.

Tu, homo Dei, custodi diligenter vineam tuam et omnes fructus eius spirituales, ne te occupet istius seculi sollicitudo et temporalium bonorum voluptas, et tunc spinosus diabolus, dispergens omnes fructus tuos spirituales, figat illos in spinis suis, et fiat anima tua nuda, vacua et inanis sicut pampinus sine fructu, et post hec gratis clamabis dicens: „Vineam meam non custodivi," /sicut in Canticis Canticorum (1, 6) scriptura testatur. Congruenter igitur Phisiologus naturas animalium contulit et contexuit intelligentie spiritualium scripturarium.

Ethim[ologia].

Hericius animal est spinosum, quod exinde dicitur nominatum, eo quod subrigit se, quando spinis clauditur, quibus undique protectus est contra insidias omnes. Nam statim, ut aliquid presens senserit, primum se subrigit ac sic in globum conversus in sua se arma recolligit. Cuius prudentia quidem talis est: cum absciderit uvam de vite, volutat se super eam et fixos in spinis racemos portat natis suis. Is. Et. XII, III, 7 (Ar. IV, 62).

XIV. De Ibice.

Est volatile, quod dicitur ibex. Hoc secundum legem inmundum est pre omnibus volatilibus, quoniam morticinis cadaveribus semper vescitur et iuxta littora maris, vel fluvium, vel stagnorum die noctuque ambulat querens aut mortuos pisciculos, aut aliquid cadaver, quod ab aqua iam putridum iam marcidum eiectum fuerit foras. Nam in aquam ingredi timet, quia natare nescit, nec dat operam, ut discat, dum mortuis cadaveribus delectatur, et ideo non potest in altitudine aque ingredi, ubi mundi pisciculi morantur, ut inde sibi capiat cibum; set semper deforis oberrat et circuit refugiens puriores et altissimas aquas, unde possit mundus vivere.

Tu vero, christiane homo, qui ex aqua et spiritu sancto iam renatus es, ingredere ad intelligibiles et spirituales aquas, id est in altitudinem ministrorum Christi, et inde sume tibi spirituales et mundissimos cibos, quos enumerat Apostolus dicens (Gal. 5, 22): „fructus autem spiritus est: c(l)aritas, gaudium, pax, patientia, longanimitas, bonitas, mansuetudo, fides, modestia, continentia, castitas." Quod si nolueris in alcioribus aquis ingredi et de ipsis spirituales escas tibi capere et sumere, set circu[m]iens deforis et oberrans mortuis et fetidissimis cadaveribus saginaris, de quibus dicit Apostolus (Gal. 5, 19): „Manifesta autem sunt opera carnis, que sunt fornicatio, immundicia, luxuria, idolatria et ebrie(2. R.)tates, avaritia, cupiditas;" hec sunt carnales et mortifere esce, quibus infelices anime nutriuntur ad penam. Disce igitur natare super hoc „mare spaciosum et magnum manibus. Sunt illic reptilia quorum non est numerus" (Ps. 104, 25). Nec aliter ea superabis, nisi per signum crucis. Et cum oras, extende manus tuas ad celos, quia virtus crucis semper defendit orantes et dicentes: „Signatum est super nos lumen vultus tui, Domine" (Ps. 4. 7). Nam et sol ipse, nisi extenderit radios, non lucet. Volucres, nisi expanderint alas suas, volare non pos[s]unt. Naves, nisi levaverint vela sua, vento flante non movebuntur. Denique „dum Moises deprimebat manus suas, convalescebat Amalech" (Exod. 17, 11). Sic igitur (in hoc) sancti in hoc figurantur tanquam aves pertranseuntes perveniunt ad regna celorum et quietissimum portum. Nescientes autem spiritualiter natare, set terrenis ac/mortalibus operibus vacantes, exclusi sunt a regno celorum, mortui cum mortuis pereunt, sicut Dominus in Evangelio (Matth. 8, 22): „dimitte, inquid, mortuos sepelire mortuos suos." Convenienter igitur Phisiologus dicit.

Ethim[ologia].

Ibex, avis nili fluminis, qui semetipsam purgat, figens rostrum suum in anum suum, aqua fundens. Hec serpentium ovis vescitur et morticinis, et ex eis gratissimum cibum nidis suis deportat.

Is. Et. XII, VII, 33 (Ar. IV, 94).

XV. De Vulpe.

Vulpis est animal dolosum et nimis fraudulentum et ingeniosum. Cum esurit et non *(fol. 137ᵇ 1)* invenit quod manducet, vadit ubi est rubra terra et volvit se super eam, ita ut quasi cruentata appareat tota, et proicit se in terram et volvit se super eam quasi mortua, et retinet intra se flatum suum et ita se inflat, ut penitus non respiret. Aves vero videntes eam sic inflatam et quasi cruentatam iacentem, et linguam eius aperto ore foris eiectam, putant eam esse mortuam et descendunt et sedent super eam. Illa vero rapit eas et devorat.

Vulpis vero figuram habet diaboli. Omnibus enim secundum carnem viventibus fingit se esse mortuum. Cum vero intra guttur suum peccatores habeat. Spiritualibus tamen et perfectis in fide vere mortuus et ad nichilum redactus est. Qui autem volunt exercere opera eius, ipsi desiderant saginari e carnibus eius, id est diaboli, que sunt „adulteria, fornicationes, idolatrie, veneficia, homicidia, furta, falsa testimonia" et cetera his similia, dicente Apostolo (Röm. 8, 13): „Scientes hoc quia, si secundum carnem vixeritis, moriemini; si autem spiritu opera carnis mortificaveritis, vivetis." Qui autem carnaliter vivunt diabolicis operibus occupati ab eo tenentur obnoxii, et participes eius efecti, simul cum illo peribunt, dicente David (Ps. 63, 11): „Intrabunt in inferiora terre, tradentur in manus gladii, partes vulpium erunt." Denique et Herodes assimilatus est vulpi dolose, dicente Domino (Luc. 13, 32): „Ite, dicite vulpi illi." Et alibi scriba audiens a Salvatore (Luc. 9, 58): „Et vulpes foveas habent." Et in Canticis Canticorum (2, 15): „Capite nobis vulpes pusillas, exterminantes vineas." Bene itaque Phisiologus asserit de vulpe.

Ethim[ologia].

Vulpis dicta, quasi volupis. *(fol. 137ᵇ, 2. R.)* Est enim volubilis pedibus et numquam recto itinere, set tortuosis anfractibus currit. Est vero fraudulentum animal insidiisque decipiens. Nam dum non [h]abuerit escam, fingit se mortuam sicque descendentes quasi ad cadaver aves rapit et devorat.

Is. Et. XII, II, 29 (Ar. IV, 58).

XVI. De Monoceros, quomodo capitur.

Est animal, quod grece dicitur monoceros, latine vero unicornis. Phisiologus dicit unicornem hanc habere naturam: Pusillum animal est simile hedo, acerrimum nimis, unum cornu habens in medio capite. Et nullus omnino venator eum capere potest. Sed hoc argumento eum capiunt: Puellam virginem ducunt in illum locum ubi moratur et dimittunt eam in silvam solam. At ille visa virgine complectitur eam et dormiens in gremio eius comprehenditur ab exploratoribus eius et ex[h]ibetur in palatio regis.

Sic et Dominus Noster Iesus Christus, spiritualis Unicornis, descendens in uterum virginis per carnem ex ea sum[p]tam, captus a Iudeis, morte crucis dampnatur, qui invisibilis cum patre hactenus habebatur. De quo David dicit (Ps. 29, 6): „et dilectus sicut unicornis filius meus " Rursum in alio psalmo ipse de se dicit (Ps. 92, 11): „Et exaltabitur sicut unicornis cornu meum." Et Zacarias dicit (Luc. 1, 69): „Suscitavit eum cornu salutis in domo David pueri sui." Et in Deuteronomio Iacob benedicens tribum Ioseph (Deut. 33, 17): „primitivos stari (sic!) species eius, cornua tanquam cornua unicornis." — Quod autem unum cornu habet in capite significat hoc quod dicit Salvator (Joh. 10, 30): „Ego et pater unum sumus." „Capud Christi Deus" secundum Apostolum (1. Kor. 11, 3). — Acerrimum vero quod dicit eum, id est quod neque principatus, neque potestates, neque throni, neque dominationes intelligere potuerunt, *(fol. 138ᵃ 1)* nec infernus tenere valuit. — Quod autem dicitur pusillum animal, propter incarnationis eius humilitatem, dicente ipso (Matth. 11, 29): „Discite a me, quia mitis sum et humilis corde". — In tantum autem acerrimus, ut nec ille subtilissimus diabolus intelligere aut investigare potuerit, set sola voluntate patris descendit in uterum virginis Marie pro nostra salute; „et verbum caro factum est, et habitavit in nobis" (Joh. 1, 14). — Quod autem est hedo similis unicornis, et Salvator Noster secundum Apostolum (Röm. 8, 3) „factus in similitudine carnis peccati, et de peccato dampnavit peccatum in carne." Bene ergo de unicorne dictum est.

Ethim[ologia].

Rinoceros a Grecis vocatur, latine interpretatur in nare cornu¹). Idem est et monoceros, id est unicornis, eo quod unum cornu in media fronte habeat, pedum quatuor, ita acutum, ut quicquid inde petierit, vel ventilaverit, perforet. Nam et cum elephantis sepe certamen habet et in ventre vulneratum prosternit. Is. Et. XII, II, 12 (Ar. IV, 53).

Tante autem fortitudinis esse dicitur, ut nulla virtute venantium capiatur. Sed sicut asserunt qui naturas animalium scripserunt, virgo puella proponitur, que venienti sinum apperit, in quo ille omni ferocitate deposita caput ponit sicque soporatus velut inermis capitur. Is. Et. XII, II, 13 (Ar. IV, 53).

XVII. De Castore.

Est animal, quod dicitur castor, mansuetus nimis, cuius testiculi in medicina proficiunt ad diversas invaletudines. Phisiologus exposuit naturam eius dicens, quia cum investigaverit eum venator, sequitur post eum. Castor vero, cum respexerit post se et viderit venatorem venientem post se, statim morsu abscidit testiculos suos et proicit eos ante faciem venatoris et sic fugit. Venator veniens colligit eos et ultra iam non sequitur eum, set revertitur. Si autem rursus evenerit, ut alter venator perquirens inveniat et sequitur *(2. R.)* eum, ille videns evadere non posse, erigit se et demonstrat virilia sua venatori. Venator vero, cum viderit eum non habere testiculos, discedit ab eo.

Sic et omnis, qui secundum mandatum Dei conversatur et caste vult vivere, abscidit a se omnia vicia, et omnes impudicos actus proiciat post se in faciem diaboli. Tunc ille videns eum nichil suorum habentem confusus discedit ab eo. Ille vero vivit in Deo et non capitur a diabolo qui dicit (Ps. 18, 38): „persequens comprehendam eam". Nichil igitur diaboli homo Dei habere debet, ut fisus

---

¹) Var.: unum cornum.

cum Deo dicere audeat (Joh. 14, 80): „Venit princeps mundi huius et in me non habet quicquam." Monet enim nos Apostolus et dicit: „Cui vectigal, vectigal reddite; cui tributum, tributum; cui timorem, timorem; cui honorem, honorem" (Röm. 13, 7). In primis ergo diabolo reddantur que sua sunt, hoc est abrenuntians illi et omnibus operibus eius malis; tunc demum ex toto corde conversus ad Deum repellat a se opera carnis, quod est vectigal et tributum diaboli, et adipiscatur fructus spirituales, id est „caritatem, gaudium, pacem, pacientiam, bonitatem, fidem, mansuetudinem, continentiam, castitatem in bonis operibus, id est in elemosina, in visitationibus infirmorum, in curis pauperum, in laudibus Dei, in orationibus, in gratiarum accione" et ceteris que Dei sunt.

Ethim[ologia].

Castores a castrando dicti sunt; nam testiculi eorum apti sunt medicaminibus propter quos, cum persecuti eos fuerint venatores, ipsi se castrant, morsibus virilia sua amputantes. De quibus Cicero in Scauriana: „Redimunt se ea par*(fol. 138ᵇ, 1. R.)*te corporis, propter quem maxime expetuntur." Et Iuvenalis: „Qui se eunuchum ipse facit, cupiens evadere damno testiculorum." Ipsi sunt et fibri, qui eciam pontici canes vocantur. Is. Et. XII, II, 56 (Ar. IV, 56).

XVIII. De hiena.

Est animal quod grece dicitur hiena, latine vero belua, de qua lex dicit: „non manducabis hienam, neque quod simile est illi, quoniam inmundum est." De quo eciam per Ieremiam prophetam dictum est (Jer. 12, 9): „Spelunca hiene hereditas mea facta est." Phisiologus dicit de ea, quoniam duas naturas habet hiena, aliquando quidem masculus est, aliquando vero femina, et ideo inmundum animal est.

Cui similes sunt filii Israel, quoniam ab initio quidem servierunt Deo vivo, postea vero deliciis et luxurie dediti idola coluerunt. Propter hoc Propheta inmundo animali comparavit synagogam. Sed et quicumque inter nos circa voluptatem et avaritiam studium habentes secundum Apostolum (1. Tim. 6, 10) radix est omnium malorum et idolorum servitus, huic ipsi immunde belue comparantur, cum nec viri nec femine sunt, id est nec fideles nec perfidi; set sunt sine dubio. De quibus ait Salomon (Jac. 1, 8): „Vir duplex animo inconstans est in omnibus viis suis." Et Salvator in ewangelio (Matth. 6, 24) dicit ad eos: „Non potestis duobus dominis servire, id est Deo et mammone."

Ethim[ologia].

Hiena lapidem in oculis habet nomine hienam, que, si quis sub lingua sua tenuerit, futura predicere creditur.

Is. Et. XVI, XV, 25 (Ar. IV, 283).

XIX. De ydro.

Aliud est animal in nilo flumine, quod dicitur idrus. Phisiologus dicit de eo, quoniam satis est animal inimicum cocodrillo, et hanc habet naturam et con (*2. R.*) suetudinem: Cum videt cocodrillum in litore fluminis dormientem aperto ore, vadit et volvit se in limum luti quo possit facilius illabi in faucibus eius. Cocodrillus igitur desubitatus vivum transglutit eum. Ille autem dilanians omnia viscera eius exit vivus de visceribus eius.

Sic ergo mors et infernus figuram habent cocodrilli, qui inimicus est Domini Salvatoris Nostri. Ideoque Dominus Noster Iesus Christus assumens terrenam carnem nostram descendit ad infernum et dirumpens omnia viscera eius eduxit omnes, qui ab eo devorati detinebantur in morte, sicut testatur Evangelista (Matth. 27, 52): „Et monumenta aperta sunt et resurrexerunt multa corpora sanctorum." Mortificavit igitur ipsam mortem et ipse vivens resurrexit a mortuis et insultat illi per Prophetam dicens (Hos. 13, 14): „O mors, ero mors tua, morsus tuus ero, inferne." Et alibi (1. Kor. 15, 54): „Absorta est mors in victoria Christi; ubi est mors contricio tua, ubi est mors aculeus tuus?"

Ethim[ologia].

Idrus coluber in aqua vivens. Greci enim idor aquam vocant, inde idrus aquatilis serpens. Cuius ictu percussi obturgescunt, quem morbum boam dicunt, eo quod fimo bovis remediatur.

Is. Et. XII, IV, 21, 22 (Ar. IV, 67).

Ydra dicta draco multas aquas colens, quales sunt in lerna palude provincie archadie. Hec latine exedra dicitur, quod uno ceso tria capita resurgebant. Set hoc fabulosum est. Nam constat ydram locum fuisse evomentem aquas, vastantem civitatem, in qua uno meatu clauso multa erumpebant. Quod Hercules videns loca illa igne excussit et meatus clausit. Nam ydra aqua dicta est.

Is. Et. XII, IV, 23 (Ar. IV, 67 f.).

Cocodrillus a croceo colore dicitur. Na[s]citur in nilo flumine, animal quadrupes, terra et aqua vivens. Longitudine *(fol. 139 ᵃ, 1)* plerumque viginti cubitorum, dentium et unguium inmanitate armatum. Cuius cutis tante duricie dicitur, ut, quamvis fortium lapidum ictibus percutiatur, nichil ledatur.

Is. XII, VI, 19 (Ar. IV, 78).

Nocte in aquis, die humi quiescit.

Hic dum invenit hominem, si poterit eum vincere, comedit, et semper plorat illum.

Solus autem pre omnibus animalibus superiora oris movet, inferiora vero immota manent.

Is. Et. XII, VI, 20 (Ar. IV, 79).

De stercore eius unguentum fiebat, unde vetule et
rugose meretrices faciem suam perunguebant, et ruge
extergebantur, fiebantque pulcre, donec sudor fluens
illud a facie lavaret. Unde Oratius poeta: „Stercore
fucatus cocodrilli.“
Ova sua in terra fovet, masculus et femina vices fovendi servant.
Is. Et. XII, VI, 20 (Ar. IV, 78).
Hunc ydrus deglutitus dentibus et unguibus interimit et vivus
inde exit.

XX. De caprea.

Est animal, quod grece dicitur dorcon, latine vero caprea. De
hac Phisiologus dixit, quod amat altos montes, pascitur autem in
convallibus montium. Est autem providum animal eminus de longe
previdens, ita ut si viderit subito homines in alia regione ambulan-
tes, statim cognoscat, an venatores sunt, an viatores.

Sicut et Dominus Noster Iesus Christus amat excelsos montes,
hoc est prophetas et apostolos et patriarcas, sicut in Canticis Canticorum dixit (H. L. 2, 8 f.): „Ecce fratuelis meus sicut caprea
venit, saliens super montes, transiliens super colles.“ Et sicut caprea
in convallibus pascitur, sic et Dominus Noster Iesus Christus in ecclesia pascitur, quoniam bona opera christianorum et elemosine fidelium
esce sunt Christi, qui dixit (Matth. 25, 35): „Esurivi, et dedistis
michi manducare, sitivi, et de (fol. 139ª, 2. R.) distis michi potum,“
et reliqua que secuntur. Convallia vero montium, que sunt per uni-
versum mundum, ecclesie per diversa loca intelliguntur, sicut dicit in
Canticis Canticorum: „Convertere fratuelis meus et similis esto capree
hinnuloque cervorum supra montes convallium“ (H. L. 8, 14). —
Quoniam acutissimam habet aciem oculorum caprea et procul omnia
perspicit et a longe cognoscit, significat Salvatorem Nostrum dicente
scriptura (1. Kön. 2, 3): „quoniam deus scientiarum dominus est.“
Et in alio psalmo CXXXVII: quoniam „excelsus Dominus et humilia
respicit et alta a longe cognoscit“. Et omnia que sunt divina mage-
state creavit et condidit et regit et videt et prospicit et antequam
cordibus nostris dictu, factu ac cogitatu aliquid oriatur, Dominus ante
previdet et cognoscit. — Denique sicut et caprea longe cognoscit
venantium sedulos, ita et Dominus Noster Iesus Christus previdet
et prescivit insidias prodi[c]toris sui Iude. Dixit enim Iude (Luc. 22,
48): „Osculo filium hominis tradis.“ Bene ergo de dorchon exposuit
Phisiologus.

Ethim[ologia].

Capros et capreas a carpendis virgultis quidam dixerunt, alii
quod captent aspera. Nonnulli a crepitu crurum eas vocatas, que
sunt agrestes capree, quas greci, quod acutissime videant, dorcas
appellaverunt.   Is. Et. XII, I, 15 (Ar. IV, 40 f.).

Morantur enim in excelsis montibus, et tamen de longinquo
vident omnes, qui veniunt. Is. Et. XII, I, 16 (Ar. IV, 41).

XXI. De honagro.

Est animal quod dicitur onager. Phisiologus dicit de onagro,
quia viscesimo quinto die mensis famenoth, quod est marcius, duode-
cies in nocte rugit, similiter et in die, et ex hoc *(fol. 139 b, 1)* cognoscitur, qui[a] equinoctium est diei, vel noctis, et numerum horarum
a rugibus onagri per singulas cognoscunt horas semel rugientis.

Onager igitur figuram habet diaboli, quia cum scierit noctem et
diem coequare, hoc est cum viderit diabolus populum qui ambulabat
in tenebris et umbra mortis modo converti ad Dominum vivum et
coequari fidei patriarcharum et prophetarum, sicut coequatur nox cum
die: iccirco rugit nocte ac die per singulas horas querens escam suam
quam perdidit. Neque enim rugit onager, nisi quando sibi escam
querit, sicut dicit Iob (Hiob 6, 5): „Numquid sine causa clamabit
onager agrestis, nisi pabulum desiderans?" Similiter et apostolus
Petrus de diabolo dicit (1. Petr. 5, 8): „Adversarius noster circuit
querens sicut leo quem devoret."

Ethim[ologia].

Onager interpretatur asinus ferus, „on" quippe
greci asinum vocant, „agrian" ferum. Hos affrica
habet magnos et indomitos et in deserto vagantes.
Singuli autem feminarum gregibus presunt. Nascenti-
bus masculis zelant et testiculos morsibus detruncant.
Is. Et. XII, I, 39 (Ar. IV, 45).

XXII. De simia.

Similiter simius figuram habet diaboli. Sicut enim simius capud
quidem habet, caudam vero non habet, et licet totus turpis sit, tamen
posteriora eius magis turpia et horribilia sunt.

Sic et diabolus caput quidem habet, caudam vero non habet;
hoc est: initium habuit, cum esset angelus in celis; set quia hipocrita
et dolosus fuit intrinsecus, perdidit caput. Nec habet caudam, id
est, sicut periit ab inicio in celis, ita et in fine totus peribit, sicut
dicit preco *(2. R.)* veritatis Paulus (2. Thess. 2, 8): „quem Dominus
interficiet spiritu oris sui."

Ethim[ologia].

Simius grecum nomen est, eo quod pressis naribus sit, facie
turpis, feda rugis, licet et capellarum sit pressum habere nasum.
Alii dicunt simias latine vocari, eo quod multam eis similitudo ra-
tionis humane sentitur; set falsum est.

Is. Et. XII, II, 30 (Ar. IV, 58).

Hi elementorum sagaces: nova luna exultant,
media et cava tristantur. Fetus, quos amant, ante se
gestant, neglecti circa matrem herent. Horum genera
quinque, ex quibus circopetici caudas habent. Simia enim
cum cauda est, quam quidam duram[1]) vocant.

Is. Et. XII, II. 31 (Ar. IV, 58).

Set spinge villose sunt, comis et mammis prominentibus, dociles,
ad feritatem obliviose.[2]) Cinocephali et ipsi similes sunt
canibus, longam caudam habentes et faciem ad modum
canis, unde et sic nuncupantur.

Is. Et. XII, II, 32 (Ar. IV, 58).

Satyri facie admodum acuta[3]) et gesticulantis more inquietantur.
Callitrices toto pene aspectu a ceteris distant. Sunt enim cum facie
producta, et longa barba, et lata cauda.

Is. Et. XII, II, 33 (Ar. IV, 58).

XXIII. De fulica et ubi conversatur.

Est volatile, quod dicitur fulica, satis intelligibile, et prudentis-
simum super omnia volatilia. Cadaveribus non vescitur, non de ali-
unde alibi pervolans atque aberrans, sed in uno loco commoratur et
permanet usque ad finem, et ibi escam suam habet et requiescit; sicut
David dicit (Ps. 104, 17): „fulice domus dux est eorum."
Sic ergo omnis homo fidelis secundum Dei voluntatem conservatur
et vivit. Non huc atque illuc per diversa oberrans circumvolat, sicut
faciunt heretici, nec singularibus desideriis ac voluptatibus delectatur
corporalibus, sicut illa volucris, que carnibus non vescitur, set semper
in uno loco eodemque se continet et quiescit, id est in ecclesia
catholica et apostolica, et ibi permanet usque in *(f. 140ᵃ, 1. R.)*
finem sicut in evangelio Dominus dicit (Matth. 10, 22): „Qui autem
perseveravit usque in finem, hic salvus erit." Ibi ergo se continet,
ubi Dominus „inhabitare facit unanimes in domo" (Ps. 68, 7); et
ibi habet cotidianum panem immortalitatis, potum vero preciosum
sanguinem Christi reficiens se sanctis epulis et super mel et favum
suavissimis eloquiis Domini. Non enim „in solo pane vivit homo, set
in omni verbo Dei" (Matth. 4, 4).

Ethim[ologia].

Fulica dicta, quod caro eius leporinam sapiat, lagos
enim lepus dicitur. Unde et apud grecos lagis vocatur. Est
autem avis stagnensis, habens nidum in medio aque,
vel in petra, quam aqua circumdat; maritimoque

---

[1]) Var.: cruram.
[2]) Var.: feritatis oblivionem.
[3]) Var.: grata.

semper delectatur profundo. Dum tempestatem per-
senserit, fugiens in vado ludit.
Is. Et. XII, VII, 53 (Ar. IV, 98).

XXIV. De panthera.

Est animal quod dicitur panthera, varium quidem colore, set
preciosum valde, nimis mansuetum. Phisiologus dicit de eo, quoniam
inimicum solum draconem habet. Cum ergo comederit et saciaverit
se diversis cibis, recondit se in speluncam suam, ponit se et dormit.
Post triduum exurgit a sompno et statim emittit rugitum magnum.
Cum autem rugitus exierit de ore eius, odor suavitatis exit super
omnia aromata. Cum autem audierint vocem eius omnes bestie, que
prope sunt et que longe, congregant se omnes et sequuntur suavitatis
odorem qui exit de ore eius. Solus autem draco, cum audierit vocem
eius, timore contra[h]itur et fulcit se in terraneis cavernis terre, ibique
non ferens vim suavis odoris, in semetipsum contractus obtorpescit et
remanet ibi immobilis atque inanis tanquam mortuus. Cetera vero
animalia sequuntur pantheram quocumque vadit.

Sic et Dominus Noster Iesus Christus, verus pantera, omne humanum genus quod diabolo captum fuerat et morti tenebatur obnoxium,
per incarnationem ad se trahens (Eph. 4, 8) „captivam duxit captivitatem", (2. R.) sicut dicit David propheta (Ps. 68, 19): „Ascendens
in altum cepisti captivitatem, accepisti dona in hominibus." — Panthera
enim omnia capiens interpretatur. Sicut Dominus Deus Noster, ut diximus, videns humanum genus a demonibus captum et idolis manci-
patum atque omnes gentes et populos predam diaboli effectos, descendens de celis eripuit nos de captivitate diaboli et sociavit nos bonitati
sue et pietatis paterne filios adportavit et implevit illud quod Propheta
ante predixerat (Hos. 5, 14): „Ego", inquid, „sicut panthera factus
sum [sicut] Effrem, et leo domui Iude idolis servienti." Ergo tunc voca-
tionem gentium et Iudeorum significabat. — Et unum animal varium est
panthera, sicut dictum est per Salomonem (Weish. 7, 22) de Domino Iesu
Christo, qui est Dei sapientia, spiritus intelligibilis, sanctus unicus, multi-
plex, subtilis, mobilis, certus, incomitatus, verus, suavis, amans, bonum,
aptus, qui nichil boni vetat fieri, clemens, firmus, stabilis, securus,
omnia potens, omnia prospiciens, omnia faciens, mobilior sapientia,"
et reliqua. Quod autem sapientia Christus sit, doctor veritatis
Paulus dicit (1. Kor. 1, 23 f.): „Nos autem predicamus Christum
crucifixum, Iudeis quidem scandalum, gentibus autem stulticiam, ipsis
autem vocatis Iudeis atque gentibus Christum Dei virtutem et Dei sapien-
tiam." — Et quia speciosum est animal panthera dicit David de Christo
(Ps. 45. 3): „Speciosus forma pre filiis hominum." — Et quia mansuetum animal nimis est, Ysaias dicit (Jes. 62, 11): „Gaude et le-
tare, filia Syon, predica, filia Ierusalem, quoniam rex tuus venit tibi
mansuetus et salvans." — Et quia cum manducaverit et saciatus fuerit,

statim quiescit et dormit, sic et Dominus Noster Iesus Christus, postquam saciatus fuit a iudaicis illusio*(fol. 140ᵇ, 1)*nibus, id est a flagellis, alapis, iniuriis, contumeliis, spinis, sputis, manibus in cruce suspendentes, clavis configentes, felle et aceto potantes, insuper et lancea transforrantes; his igitur, tot et tantis iudaicis muneribus saciatus, Christus obdormuit et requievit in sepulcro et descendit in infernum et religavit illic draconem magnum et inimicum omnium nostrum. — Quod autem die tercio exurgit a sompno illud animal, et emittit rugitum grandem, et flagrat odor suavitatis ex ore eius, sic et Dominus Noster Iesus Christus tercia die resurgens a mortuis sicut dicit Psalmista (Ps. 77, 65): „excitatus est tanquam dormiens Dominus, tanquam potens crapulatus a vino.“ Et statim exclamavit voce magna ita ut audiretur (Ps. 19, 5) „in omni terra exiens sonus eius“ in fines orbis terre verba illius dicentis (Joh. 16, 33): „gaudete etiam et nolite timere, quoniam ego vici mundum.“ Et iterum: „Pater sancte, quos dedisti michi, custodivi, et nemo ex eis periit, nisi filius perdicionis“ (Joh. 17, 12). Et iterum: „Vado ad patrem meum et patrem vestrum, et ad deum meum et ad deum vestrum“ (Joh. 20, 17). Et iterum: „Veniam ad vos et non dimittam vos orphanos“ (Joh. 14, 3; 14, 18). Et in fine Evangelii ait: „Ecce ego vobiscum sum omnibus diebus usque ad consumationem seculi“ (Matth. 28, 20). — Et sicut de ore panthere odor suavitatis egreditur, et omnes qui prope sunt et qui longe, id est Iudei, qui aliquando sensum bestiarum habebant, qui prope erant per legem, et gentes, que longe erant sine lege, audientes vocem eius et repleti et recreati suavissimo odore mandatorum eius sequuntur eum, clamantes cum Propheta et dicentes (Ps. 119, 103): „Quam dulcia faucibus meis eloquia tua, Domine, super mel et favum ori meo.“ De his odoribus man(*2. R.*)datorum eius dicit David: „Diffusa est gratia in labiis tuis, propterea benedixit te Deus in eternum“ (Ps. 45, 3). Et Salomon in canticis canticorum dicit de eo: „Odor unguentorum tuorum super omnia aromata“ (H. L. 4, 10). Unguenta enim Christi que alia esse possunt, nisi mandata eius, que sunt super omnia aromata. Sicut enim presens aromatum species reddit odorem suavitatis, sic et verba Domini, que de ore eius exeunt, letificant corda hominum, qui eum audiunt et secuntur. „Unguentum exinamtum nomen tuum, propterea adolescentule dilexerunt te nimis et atraxerunt te post se in odore unguentorum tuorum currimus“ (H. L. 1, 2 f.). Et paulo post (H. L. 1, 3): „introduxit me rex in cubiculum suum.“ Oportet nos quam cicius sicut adolescentulas, id est renovatas in baptismo animas, post unguenta mandatorum Christi currere, de terrenis ad celestia transmigrare, ut nos introducat rex in palacium suum, id est in ierusalem civitatem suam et montem omnium sanctorum; et cum meruerimus intrare illuc dicamus: „Gloriosa dicta sunt de te, civitas Dei; sicut audivimus, ita et vidimus in civitate Domini virtutum“ (Ps. 87, 3). Bene de panthera Phisiologus dicit.

Ethim[ologia].

Panther dictus, sive quod omnium animalium sit amicus, excepto
dracone, sive quod sui generis societate gaudeat et ad eandem similitudinem, quicquid accipit, reddat.   Pan enim grece omne dicitur latine.   Bestia minutis orbiculis superpicta, ita ut oculatis ex flavo
circulis nigra vel alba distinguatur varietate.   ·
                                          Is. Et. XII, II, 8 (Ar. 1V, 52).
Hec semel omnino parturit, cuius cause ratio manifesta est.
Nam cum utero matris concreti catuli maturis ad · nascendum viribus
pervenerint, odiunt matris temporum moras[1]).   Itaque oneratam
fetibus vulvam tanquam obstantem partui unguibus lacerant, (fol. 141ª, 1)
et effundit illa partum, seu pocius dimittit dolore cogente.   Ita postea
corruptis matricis sedibus genitale semen infusum, non est acceptum,
set irritum resilit foras.   Nam Plinius dicit, quod animalia cum
acutis unguibus frequenter parere non possunt.   Viciantur enim intrinsecus se moventibus catulis.   Is. Et. XII, II, 9 (Ar. IV, 52).
Draco maior est omnium serpentium super terram.
Hunc greci dracantam vocant.   Unde et derivatum est in latinum,
ut draco diceretur.   Qui sepe a speluncis abstractus in aerem, conci-
tatur et lucet propter eum aer.   Est autem cristatus, ore
parvo, et arcis fistulis, per quas trahit spiritum, et
linguam exerit. Venenum (sic! vim) autem non in dentibus, set in cauda habet, et verbere pocius, quam
morsu nocet.   Is. Et. XII, IV, 4 (Ar. 1V, 64).
Innoxium est enim a veneno; huic ad mortem fa-
ciendam non est venenum necessarium, quia si quem
ligaverit, occidit.   A quo nec elephans tutus est sui
corporis magnitudine.   Nam circa semitas, per quas
elephantes solito gradiuntur, delitescens crura eorum nodis illigat, ac suffocatos perimit.   Gignuntur
autem in ethiopia, et in india in ipso incendio iugis
estus.   Is. Et. XII, IV, 5 (Ar. IV, 64).

XXV. Cetus, et quomodo decipiuntur naves ab eo.

Est belua in mari, que dicitur grece aspido celone, latine autem
aspido testudo.   Cetus ergo est magnus, habens super corium suum
tanquam sabulum quod est iuxta litus maris.   Hec in medio pelagi
elevat dorsum suum per undas maris sursum, ita ut navigantibus
nautis non aliut credatur esse quam insula, precipue cum viderint
totum illum locum sicut in omnibus litoribus maris sabulo esse repletum.   Putantes autem insulam esse, applicantes navem suam iuxta
eam et descendentes, figunt palos et alligant naves.   Deinde ut co-

---

[1]) Var.: odiunt materni partus moras.

quant sibi cibos post laborem, faciunt ibi focos super arenam quasi *(2. R.)* super terram. Illa vero, ut senserit ardorem ignis, subito mergit se in aquam et navem secum trahit in profundum maris

Sic paciuntur omnes qui increduli sunt et quicumque ignorant diaboli astucias spem suam ponentes in eum et operibus eius se obligantes simul merguntur cum illo in gehennam ignis ardentis: ita est astucia ejus.

Secunda eius belue natura hec est. Quando esurit, aperit os suum et quasi quemdam odorem bene olentem exalat de ore suo. Cuius odorem, ut senserint mox minores pisces, congregant se intra ora ipsius. Cum autem repletum fuerit os eius diversis piscibus pusillis, subito claudit os suum et transglutit eos.

Sic paciuntur omnes, qui sunt modice fidei voluptatibus ac lenociniis quasi quibusdam odoribus diabolicis adescati, subito absorbentur ab eo sicut pisculi minuti. Maiores enim se cavent ab illo et neque appropiant illi. Sic ergo qui Christum semper in sua mente habent, magni sunt apud eum, et si sunt perfecti, agnoscunt multiformes astucias diaboli et custodiunt se ab eo et magis resistunt; ille vero fugit ab eis. Dubii autem et modice fidei homines, dum vadunt post voluptates et luxurias diaboli, decipiuntur, dicente scriptura: „Unguentis et variis odoribus delectantur et sic confringitur a ruinis anima.“ (Spr. 27, 9.)

Ethim[ologia].

Cetus dicitur ob immanitatem corporis. Sunt enim ingentia corpora et genera beluarum, equalia montibus in tantum, ut eciam ibi naves quasi ad insulam applicentur, sicut ille qui accepit Ionam. Cuius alvus tante magnitudinis fuit, ut putaretur infernus, dicente ipso Iona propheta: „exaudivit me de ventre inferni.“

Is. Et. XII, VI, 8 (Ar. IV, 76 f.).

XXVI. De perdice.

(fol. 141ᵇ, 1) Est volatile, quod dicitur perdix, fraudulentum nimis, sicut dicit sanctus Ieremias propheta de eo (Jer. 17, 11): „Clamavit perdix et congregavit que non peperit, faciens sibi divicias non cum iudicio; in dimidio autem dierum eius relinquet ea, et in novissimis suis erit stultus.“ Phisiologus dicit satis astutum esse perdicem, quia aliena ova diripit, hoc est perdicis alterius, et corpore fovet, set fraudis sue fructum habere non potest, quia cum duxerit pullos alienos, amittit eos, quoniam, ubi matris sue vocem audierint que ova generavit, statim evolant et conferunt se ad suos parentes naturales. Quo munere adepto atque amore derelicto ille, qui incassum alienis suos effudit labores, fraudis sue precio multatus, remanet stultus et solus et inanis.

Huius exemplum imitatus est diabolus, qui generationes eterni creatoris rapere co[n]tendit et, si quos insipientes et sensus proprii

vigore carentes aliquo modo poterit congregare, fovet illos illecebris
corporalibus.   At ubi vox Christi audita fuerit a parvulis sumentes
sibi alas spirituales per fidem, evolant et se Christo commendant,
qui statim eos potentissimo quodam paterno munere et amore sub
umbra alarum suarum ipse suscipit et matri ecclesie dat nutriendos.

Ethim[ologia].

Perdix de voce nomen habet, avis dolos[a] atque immunda, nam
masculus in masculum insurgit et obliviscitur sexum libido preceps.
Adeo autem fraudulenta, ut alterius perdicis ova diripiens foveat, set
fraus fructum non habet.   Nam pulli, dum vocem proprie genetricis
audierint, naturali quodam instinctu hanc, que eos fovit, relinquunt,
et ad eam, *(2. R.)* que genuit, revertuntur.

Is. Et. XII, VII, 63 (Ar. IV, 100).

XXVII. De mustela, et quia per os concipit, per aures vero generat.

De mustela precipit lex non manducare, quia immundum animal
est.   Phisiologus dicit, quoniam mustela semen masculi per os accipit
et sic in utero habet; tempore vero pariendi per aures generat.

Sic aliquanti fidelium libenter quidem accipiunt verbi divini
semen, set inobedientes effecti pretermittunt et dissimulant, que
audierunt.   Isti tales non solum mustele camparantur, set eciam as-
pidi, que obturat aures suas et non audit vocem incantantium.

Phisiologus dicit, quoniam aspis hanc habet naturam: Si quando
advenerit aliquis homo ad speluncam, ubi habitat aspis et precantat
eam omnibus carminibus suis, ut exeat de cavernis suis; illa vero,
ne audiat vocem incantantis, ponit capud suum ad terram et unam
quidem aurem premit in terram, alteram vero aurem de cauda sua
obturat.

Tales sunt istius mundi homines divites, qui unam quidem aurem
suam deprimunt in terrenis desideriis, aliam vero, posterioribus peccatis suis peccata addentes, obturant, et ita fit, ut non audiant vocem
incantantis.   Et hoc quidem solum aspides faciunt, quod aures obturant.   Isti vero et oculos excecant terrenis cupiditatibus et rapinis,
ita ut nec auribus audire velint divina mandata et servare, nec oculis attendere in celum et cogitare de illo, qui est super celum et facit bonitatem et iusticiam.   Hi qui nunc eum audire nolunt, audient
eum in die iudicii dicentem (Matth. 25, 41): „Discedite a me,
maledicti, in ignem eternum, qui preparatus est diabolo et angelis eius.“

Ethim[ologia].

Mustela dicta, quasi mus longa, nam telon grece longum dicunt.
H e c i n g e n i o e s t s u b d o l a; in d o m i b u s e n i m, u b i n u t r i t
c a t u l o s s u o s, d e l o c o a d l o c u m t r a n s *(fol. 142ª, 1)* f e r t
m u t a t a q u e s e d e l o c a t.   S e r p e n t e s e c i a m e t m u r e s p e r-

sequitur. Duo autem sunt genera mustelarum. Alterum enim
silvestre est, distans magnitudine, quam greci ictidas vocant, alterum
in domibus oberrat. Falso autem oppinantur qui dicunt
mustelam ore concipere, aure effundere partum.
Is. Et. XII, III, 3 (Ar. IV, 61).

De aspide, et quare sic vocatur.

Aspis vocata, quod morsu venena immittit et spargit. As enim
grece venenum dicunt, et inde aspis, quod morsu venenato interimat.
Huius diversa sunt genera et species dispares ad no-
cendum. Fertur autem aspis, cum ceperit pati incanta[n]torem, qui
eam quibusdam carminibus propriis evocat, ut eam de caverna sua
prevocet, cum illa exire noluerit, unam aurem in terram premere,
alteram cauda obturare et premere, atque ita voces illas magicas
non audiens, non exit ad incantantem.
Is. Et. XII, IV, 12 (Ar. IV, 65 f.).
Dipsa genus aspidis qui latine stala (sic! — situla —)
dicitur quia, quem momorderit, siti periit.
Is. Et. XII, IV, 13 (Ar. IV, 66).
Prialis, genus aspidis [dicta], eo quod sompno ne-
cat. Hunc sibi cleopatra apposuit et ita morte quasi
sompno soluta est. Is. Et. XII, IV, 14 (Ar. IV, 66).
Emorois aspis nuncupatur, eo quod sanguinem
sugit. Qui ab eo morsus fuerit, ita dissolutis venis,
quicquid vite est, per sanguinem effundit. Grece enim
sanguis emath dicitur. Is. Et. XII, IV, 15 (Ar. IV, 66).
Prester aspis semper ore patente et vaporante currens. Cuius
poeta sic meminit: „oraque distendens avidus fumantia prester.“
Quem percusserit, distenditur enormique corpulentia necatur et tabe-
facta putredo sequitur. Is. Et. XII, IV, 16 (Ar. IV, 66).
Aspis quidem si momorderit hominem, statim eum consumit, ita
ut liquefiat totus in ore serpentis.
Is. Et. XII, IV, 17 (Ar. IV, 66).

XXVIII. De assida.

Item est animal, quod dicitur assida, quod grece stricte camelon, latine struc(2. R.)io dicitur. De isto animali Ieremias propheta
dicit (Jer. 8, 7): „et assida in celo cognovit tempus suum.“ Phisiologus dicit hoc quasi voluptarium esse. Habet quidem pennas, sed
non volat, sicut cetere aves, pedes autem habet similes camelo, et
ideo grece structucamelon dicitur. Hoc ergo animal, cum venerit
tempus illud, ut ova pariat, elevat oculos suos in celum et videt, si
stella illa virgilia ascendit. Non enim ponit ova sua in terra, nisi
quando illa stella oritur in celo. De qua stella dicit Iob (Hiob 9, 9):

„Qui facit virgiliam et septentrionalem et dextrum et promptuaria austri." Tempore enim suo oritur virgilia in celo, id est quando messes florent et estas est, circa mensem iunium. Tunc assida, cum viderit virgiliam ascendisse in celum, fodit in terram et ibi ponit ova sua et cooperit ea de sabulo in heremio. Cum autem ascenderit de illo loco, statim obliviscitur, et non redit ad ova sua. Est enim animal obliviosum, et ideo tempore isto generat ova sua et cooperit illa de harena, ut, quod illa factura esset sedens super ova sua et ex fetu suo eduxeret pullos suos, hoc ei tranquillitas temporis et aeris temperies prestare videatur, ut estate calefacta arena excoquat ova sua et educat pullos.

Si ergo assida agnoscit tempus suum et elevat oculos suos in celum et obliviscitur posteritatis sue, multo magis homo fidelis debet oblivisci terrena et sequi celestia dicente Apostolo (Phil. 3, 13): „que retro sunt obliviscens ad destinatum contendo bravium superne vocationis." Et Dominus in evangelio dicit: „qui diligit patrem aut matrem plus quam me, aut filios, non est me dignus" (Matth. 10, 37). Et illi qui excusabat se propter sepulturam patris dicit: *(fol. 142 b, 1)* „dimitte mortuos sepelire mortuos suos, tu autem vade, sequere me" (Matth. 8, 22). — Structio greco nomine dicitur quoddam animal, quod in similitudinem avis pennas habere videtur, de terra tamen altius non elevatur. Ova sua fovere negligit, set proles tantummodo fetu (sic! — fotu) pulveris animantur.

Is. Et. XII, VII, 20 (Ar. IV, 91).

XXIX. De turture.

Est volatile, quod dicitur turtur. Scriptum est de ea (H. L. 2, 12): „Vox turturis audita est in terra." Phisiologus de turture dicit feminam valde coniugem suum diligere et caste cum illo vivere et ipsi soli fidem servare, ita ut si quando evenerit, ut masculus eius aut ab accipitre, aut ab aucupe capiatur, hec alteri masculo se non iungat, set ipsum semper desiderat et ipsum per singula momenta sperat et ipsius recordatio et desiderium usque ad mortem perseverat.

Audite itaque, omnes anime fidelium, quanta castitas in modica avicula invenitur. Quicumque tamen personam turturis in vultu anime tenetis, huius castitatem imitemini. Talis est enim sancta ecclesia, que postquam vidit virum suum crucifixum et die tercia resurrexi[s]se et in celos ascendisse, alii viro non coniungitur, set ipsum desiderat et ipsum sperat et in illius amore et caritate usque ad mortem perseverat dicente Domino Nostro Iesu Christo (Matth. 10, 22): „qui perseveraverit usque in finem, hic salvus erit." Similiter eciam et propheta David hortatur et dicit in psalmo (Ps. 27, 14): „viriliter age et confortetur cor tuum et expecta Dominum."

Ethim[ologia].

Turtur de voce vocatur. Avis pudica, et semper in montium iugis, et in deserti solitudinibus commoratur; tecta enim hominum et conversacionem fugit, et commoratur in silvis. Cuius e contrario columba *(2. R.)* hospicia hominum diligit et domorum semper est blanda habitatrix. Is. Et. XII, VII, 60 (Ar. IV, 99).

XXX. Cervus, et quomodo de foramine extrahit serpentem.

Item in psalmo quadragesimo primo (Ps. 42, 2): „Sicut cervus desiderat ad fontes aquarum, ita desiderat anima mea ad te, Deus." Phisiologus dicit, quoniam, ubi agnoverit cervus serpentem esse, implet os suum aqua et effundit in foramine et cum quodam sp[i]ramine oris sui attrahit serpentem foras, et conculcans interficit eum.

Ita et Dominus Noster Iesus Christus videns inimicum diabolum in omni generis humani natione inhabitantem, habens in semetipso divine sapientie fontem, cuius non potest antiquus draco suferre sermones. Cum enim vidisset in regione gerasenorum, ultro cucurrit ille cum omni exercitu demoniorum in homine uno dicens ei: „Quid michi et tibi, fili Dei? Venisti ante tempus torquere nos?" Et interrogavit eum Dominus: „Quod tibi nomen est?" Et respondit: „legio michi nomen est." Et rogabat Iesum ne imperaret illis, ut irent in abissum. Erat autem ibi grex porcorum multorum pascentium. Demones autem rogabant eum dicentes: „Si scis nos, mitte nos in gregem porcorum." Et ait illis Iesus: „Ite." At illi exeuntes ab homine introierunt in porcos. Et ecce magno impetu abiit totus grex per preceps in mare quasi duo milia et suffocati sunt in aquis" (Matth. 8, 29 f.). Ecce quomodo audiens diabolus vocem Domini in preceps, fugit cum omnibus suis. De quo in novissimis diebus testatur Apostolus dicens (2. Thess. 2, 8): „quem Dominus Iesus interficiet spiritu oris sui." Montes apostolos dicti et prophetas, cervos homines fideles qui per apostolos et prophetas et sacerdotes perveniunt ad agnitionem Christi, sicut scriptum est in psalmo (Ps. 121, 1): „levavi oculos meos ad montes, unde ve*(fol. 143ª, 1)* niet auxilium michi."

Ethim[ologia].

Cervi dicti a poton ceraton, id est, a cornibus. Cerata enim grece cornua dicuntur. Hi serpentium inimici, cum se gravatos infirmitate persenserint, spiritu narium eos extra[h]unt de cavernis, et superata eorum pernicie veneni pabulo reparantur. Diptamnum herbum ipsi prodiderunt. Nam eius pastu excuciunt acceptas sagittas.

Is. Et. XII, I, 18 (Ar. IV, 41).

Miratur autem sibilum fistularum. Rectis auribus acute audiunt, summissis nichil. Si quando immensa flumina, vel maria transnatant, capita clunibus pre-

cedentium superponunt sibique invicem famulantes,
nullum laborem ponderis sentiunt.

Is. Et. XII, I, 19 (Ar. IV, 41).

XXXI. De salamandra.

Est reptile quoddam, quod grece dicitur salamandra, latine vero
stilio. Hoc simile est lacertule pusille, colore vario. De quo Salomon dicit (Spr. 30, 28): „Sicut stilio habitant in domibus regum.“
Phisiologus dicit de eo quoniam, si casu inciderit undecunque in ca-
minum ignis ardentis, vel in fornace ardentis ignis, aut in quocumque incendio, statim extinguitur ignis.
Isti sunt iusti et mirabiles homines Dei. Sic fuerunt in camino
ignis ardentis Ananias, Azarias, Misael, et non tetigit eos ignis omnino quos intactos atque incontaminatos exisse de camino ignis propheta
Daniel declarat (3, 27). Paulus apostolus testatur dicens (Hebr. 11,
33 f.): „fide omnes sancti extingunt virtutes ignis, obstruxerunt ora
leonum.“ Ita et omnis quicumque ex fide sua crediderit in Deo et in
operibus bonis perseveraverit, transit gehennam ignis et non tangit eum
flamma. De quo scriptum est in Isaia propheta (Jes. 43, 2): „Si
transieris per ignem, flamma non te comburet.“

Ethim[ologia].

Salamandra dicta, quod contra incendia valeat. Cuius inter
omnia venenata vis maxima est. Cetera enim singulos
feriunt, hec plurimos pariter interimit. Nam si ar-
bori *(143ᵃ, 2. R.)* irrepserit, omnia poma inficit veneno, et eos qui ex eis pomis ederint, occidit. Qui
eciam, si in puteum ceciderit, vis veneni eius potantes
interficit. Ista contra incendia repugnans, sola animalium ignes
extinguit. Vivit enim in mediis flammis sine dolore, et consumma-
tione, et non solum non uritur, set eciam extinguit incendium.

Is. Et. XII, IV, 36 (Ar. IV, 70).

XXXII. De columbis et de diversis coloribus earum.

Phisiologus dicit multis ac diversis coloribus esse columbas.
Est color sturminus, niger, albus, stephanitus, braggiotus, aerius,
cinericius[1]), aurosus, melenus. Rufus est ergo super omnes primus,
qui omnes regit, et placat, et cotidie eciam agrestes congregat in
columbario suo.
Ipse est ergo primus, qui nos precioso sanguine suo redemit et
intra unam ecclesie domum de diversis nationibus congregavit. Non
Moises, non Helias, non aliquis prophetarum aut patriarcarum, set

---

[1]) Var.: cenerius.

ipse a patre veniens salvit nos et per passionem suam nos redemit
a morte perpetua, sicut Iohannes dicit (Joh. 1, 32): „vidi celum
apertum et spiritum Dei descendentem tanquam columbam" missum
a Deo, qui vult „homines omnes salvos fieri et ad agnicionem veritatis venire" (1. Tim. 2, 4.). Ipse ergo volens humanum genus
congregare in ecclesia sancta catholica et apostolica misit spiritum
sanctum „multipharie multisque modis loquentem" (Hebr. 1, 1) per legem
et prophetas ad omne humanum genus, sicut diversus color columbarum
est, id est, propter obscuros sermones et interpretabilem scientiam.
Deinde struninus color significat diversitatem prophetarum duo-
decim. Aerius vero color Heliam significat, quoniam raptus est per
aera curru usque ad celum. Cinericius autem color significat Ionam
prophetam qui Ninivitis predicat in cilicio et *(fol. 143 b, 1)* cinere
penitentiam agendam, quo facto concessum est ei a Domino presidium
vite. Aurosus color non nisi tres pueros significat, qui spiritum Dei
verum habentes regi Nabugodonosor dixerunt[1]): „Scito, rex, quia nos
deos tuos non colimus, neque ymaginem auream, quam erexisti, non
adorabimus." Meleneus vero color est Heliseus, qui suscepit melotem
a magistro suo Helia eunte in celum, et dupplici spiritu eius hono-
rari meruit.[2]) Albus autem est beatus Iohannes, precursor Christi,
habens candorem sacri baptismatis, de quo propheta Isaias dicit
(Jes. 1, 16 ff): „lavamini, mundi estote, auferte malum cogita-
tionum vestrarum ab oculis meis, discite benefacere, et si fuerit peccata vestra ut feniceum, ut nix dealbabuntur." De Iohanne et Dominus testatur dicens (Matth. 11, 11): „Amen dico vobis, non fuit
maior inter natos mulierum Iohanne baptista." „Lex enim et prophete usque ad Iohannem predicaverunt, iste demonstravit Christum"
(Luc. 16, 16). „Ecce agnus Dei, ecce qui tollit peccata mundi"
(Joh. 1, 29.) Stephanitus vero Stephanus est, primus martir, qui
post acceptionem sancti spiriti Christum in dextera patris videre
meruit. Rubeus vero color significat Domini passionem propter quod
et Raab meretrix iam tunc coccineum signum misit de quo in Iericho
salvata est. De quo in Canticis dicit (H. L. 4, 3): „sicut sparcium
colorem rubicundum labia tua." Et in evangelio dicit (Joh. 19, 2):
„induerunt Iudei Domino clamidem coccineam." Et Ysayas dicit
(Jes. 63, 1): „quis est iste, qui ascendit de edom, rubrum vestimentum eius ex bosra?" Et coccineum ligatum est in manu Zare
filii Iude ab obstetrice, cum adhuc in utero matris esset. Et in Canticis Canticorum (H. L. 5, 10): „fratruelis meus candidus et rubicundus"; candidus in virginitate, rubicundus in martirio, per quod
omnes credentes in eum precioso sanguine redempti sumus in nomine *(f. 143 b, 2. R.)* patris et filii et spiritus sancti, qui est Deus
benedictus in secula seculorum; amen.

---

[1]) Dan. 3, 18.
[2]) 2. Könige 2, 7—14.

Ethim[ologia].

Columbe dicte, quod earum colla ad singulas conversiones colorem mutent. Aves mansuete, et hominum mansiones conversantes, ac sine felle, quas antiqui Venerias nuncupabant, eo quod nidos frequentant, et osculo amorem concitant. Is. Et. XII, VII, 61 (Ar. IV, 99).
Palumbes, avis casta, ex moribus appellatur, quod comes sit castitatis. Nam dicitur, quod amisso corporali consortio est solitaria, nec carnalem copulam ultro requirat.
Is. Et. XII, VII, 62 (Ar. IV, 99 f.).

XXXIII.
De columbis et de dracone et umbra arboris.

Item aliud dictum est de ipsis columbis. Arbor quedam est in partibus Indie, que grece peredixion, latine vero circa dexteram. Cuius fructus dulcis est nimis et valde suavis. Columbe autem satis delectantur in istius arboris gratia, quoniam de fructu eius reficiuntur et sub umbra eius requiescunt et ramis eius proteguntur. Est autem draco crudelis inimicus columbarum, et quantum columbe timent draconem et fugiunt ab eo, tantum ille draco evitat et pertimescit illam arborem, ita ut nec umbre illius appropinquare ausus sit. Set dum insidiatur columbis ille draco, ut rapiat aliquam earum, de longe considerat illam arborem. Si umbra illius arboris fuerit in parte dextera, se facit ille in parte sinistra. Si autem fuerit umbra illius in parte sinistra, ille fugiens in parte dextera se facit. Columbe autem scientes inimicum suum draconem timere illam arborem et umbram illius et omnino nec leviter appropiare illi posse, ideo ad illam arborem confugiunt et ibi se commendant, ut salve esse poss[i]nt ab insidiis adversarii earum. Dum ergo in illa arbore fuerint et in ipsa se continuerint, nullo modo potest eas capere draco. Si autem invenerit aliquam ex eis vel leviter segregatam ab arbore, *(fol. 144ª, 1)* vel extra umbram illius, statim eam rapit et devorat. Et hec quidem refert Phisiologus de columbis.

Nos ergo, christiani, scientes arborem, que est peredixion, circa quam omnia dextra sunt nichilque in illa sinistrum. Dextera autem eius est unigenitus filius Dei, sicut ipse Dominus ait (Matth. 12, 33): „de fructu enim arbor cognoscitur." Umbra vero arboris spiritus sanctus est, sicut dicit Gabriel angelus Sancte Marie (Luc. 1, 35): „spiritus sanctus superveniet in te et virtus altissimi ob[r]umbrabit tibi." Columbe autem sunt omnes fideles, sicut Dominus in evangelio (Matth. 10, 16): „Estote ergo simplices, sicut columbe, et astuti, sicut serpentes." Estote simplices, ne cuiquam machinemini dolos, et astuti, ne alienis insidiis supplantemini. Attende ergo tibi semper, homo Dei, et permane in fide catholica et ibi te contine, ibi commorare, ibi habita, ibi persevera in una fide patris et filii et spiritus sancti, et in una catho-

lica ecclesia, sicut dicit psalmista (133, 1): „Ecce quam bonum et
quam i[u]cundum habitare fratres in unum.“ Et alibi (122?): „Qui
habitare facit unanimes in domo.“ Cave ergo quantum potes, ne iuxta
hanc domum foris inveniaris et comprehendat te ille draco serpens
antiquus, et devoret te, sicut Iudam, qui mox, ut exivit foris a Domino
et fratribus suis apostolis, a diabolo devoratus est, et periit.

XXXIV. De Elephante.

Est animal, quod dicitur elephas. Phisiologus dicit de eo,
quoniam intellectum in se habeat magnum, set concupiscentiam fetus
in semine non habeat. Tempore enim suo, cum voluerit filios pro-
creare, vadit ad orientem cum femina sua usque ad proximum para-
disi, et ibi est arbor que dicitur mandragora. Prior ergo femina
gustat de fructu illius arboris, et sic illa seducit masculum, ut ille
persuasus manducet. Et postquam manducaverint ambo, tunc con-
veniunt sibi invicem, et statim femina in utero concipit. Cum autem
venerit tempus illius, ut pa(2. R.)riat, vadit ubi est stagnum, et ingreditur in aquam usque ad ubera sua, et ibi parit super aquam
propter draconem, qui insidiatur illi, et si extra aquam peperit, rapit
draco pecus illud et devorat. Ideo in aquam altam ingreditur, ut
ibi pariat. Masculus autem suus non recedit ab ea, set custodit eam
parieutem propter serpentem, qui inimicus est elephantis.

Isti ergo duo elephantes masculus et femina figuram habent Ade
et mulieris eius Eve, qui erant in paradiso Dei ante prevaricationem
gloria circumdati, nescientes ullum malum, non concupiscentie desiderium, non coniunctionis coitum. Cum autem interdictam arborem
gustavit mulier illa, seduxit virum suum, et ipse inde manducavit.
Tunc deinde expulsi foras paradisum in hunc mundum iactati sunt
tanquam in stagna aquarum multarum. Cuius hic mundus figuram
habet propter multas eius fluctuationes, et communicationes, et in-
numerabiles eius voluptates, et passiones, de quibus David dicit
(Ps. 69, 2): „Salvum me fac, Domine, quoniam intr[o]ierunt aque usque
ad animam meam.“ Et alibi (Ps. 40, 2 f.): „Expectans expectavi
Dominum, et respexit me et exaudivit preces meas et eduxit me de lacu
miserie et de luto fecis.“ Tunc „cognovit Adam uxorem suam et generavit
Kai[n]“ (Gen. 4, 1) in luto fecis. Ideoque descendens quasi pius et
misericors de sinu patris Dominus Noster Iesus Christus, filius Dei vivi,
assumens canem (sic) nostram eduxit nos de lacu miserie et de luto fecis
et statuit super petram pedes meos et inmisit in os nostrum canticum
novum, ymnum Deo nostro, id est, cum docuit nos orare, tunc immisit
in os nostrum canticum novum dicens: (Matth. 6, 9 ff.) Sic orabitis:
„Pater noster, qui es in celis, sanctificetur nomen tuum,“ et reliqua.
Hunc ymnum docuit nos inferre Deo ma[g]ister noster ipse, qui
(f. 144 b, 1. R.) statuit super petram pedes nostros et inmisit in os
nostrum canticum novum ymnum Deo nostro. Hoc autem ipso apo-

stolo orante pro nobis et dicente (1. Thess. 5, 23): „Dominus autem
pacis sanctific[e]t vos ad perfectum et integer spiritus vester et anima et
corpus sine querela in adventu Domini Nostri Iesu Christi servetur." —
Nam et ossa et pellis de elephante, in quocumque loco fuerint, vel domo
incensa, statim odor eorum expellit inde ac fugat serpentes, vel si qua
fuerint noxia venenosa reptilia, non ibi accedunt. Sic itaque opera
vel mandata Dei, qui habet in terra, purificant cor eius et nulla
potest ibi adversarii cogitatio introire, set quecumque ibi fuerit noxa
turpis, statim omnis exit et evalescit, ita ut nec aliquando ibidem
compareat noxius spiritus et adversa cogitatio, aut aliqua eius
maleficia.

Ethim[ologia].

Elephantem greci a magnitudine corporis putant dici, quod
formam montis preferat. Grece enim mons et elphio[1]) dicitur.
Apud indos autem a voce barro vocatur. Unde et vox cius barritus
est, et dentes ebur. Rostrum autem promuscida dicitur,
quoniam illo pabulum colligit, et est angui simile,
vallo munitum eburneo.   Is. Et. XII, II, 14 (Ar. IV, 54).

Hos boves lucas dictos putant ab antiquis romanis: Boves, quia
nullum animal maius videbant, lucas, quia in lucania illos primus
pirrus in prelio obiecit romanis. Nam hoc genus animalis in
rebus bellicis aptum est. In eis enim perse et indi
ligneis turribus collocatis tanquam de muro iaculis
dimicabant. Intellectu autem et memoria multum
valent.   Is. Et. XII, II, 15 (Ar. IV, 54).

Gregatim incedunt, motu quo valent, saltant. Murem fugiunt.
Aversi coeunt. Quando autem parturiunt in aquis, vel in
silvis, dimittunt fetus propter draconem, qui insidiatur
eis. Inplicili aliquando ab eis necantur. Biennio portant fetus, nec amplius quam semel gignunt, nec plures, set
tantum unum. Vivunt annos trecentos. Apud solam
africam et indiam prius elefantes nascebantur, nunc
sola eos india gignit.   Is. Et. XII, II, 16 (Ar. IV, 54).

Mandragora dicta, quod habeat mala sua violenta (sic! — sua-
veolentia —) in magnitudine male mantiani. Unde et eam latini
malum terre vocant. Hanc prophete antropomeres appellant, quod
habeat radicem formam hominis simulantem. Cuius cortex in
vinum missa ad bibendum datur propter varias infirmitates: corpus eorum post triginta annos caute
colligitur, ad multas infirmitates medendas et sopo-
rati dolorem non sentiunt. Huius species due: femina,
cuius folia lactuce sunt similia, mala generat in similitudine prunarum, masculus, foliis bete similibus.
Is. Et. XVII, IX, 30 (Ar. IV, 353 f.).

---

[1]) Var.: elafio.

XXXV. De Amos propheta.

Item Amos propheta dicit (7, 14): „non eram propheta, neque filius prophetarum, set eram pastor caprarum.“ Et distinctio more Salvator prophetam de se dicit: non eram propheta, set primogenitus Deus in Deo verbum in visceribus patris, sicut dicit Ysaias: „quoniam tu es Deus, et in te est Deus“; ita dicit: „neque filius prophete, set filius Dei vivi.“ Pastor autem caprarum fuit, quoniam missus de sinu patris assumpsit humanam carnem et factus est caprarum pastor, id est totius humani generis in peccatis conversantis; gensque, que eum receperunt et crediderunt in eum, qui misit eum, facti sunt oves; qui vero non receperunt eum remanseruntque in peccatis suis, sunt hedi pascentes in deserto, ut sunt hodie Iudei. Distringentes autem mors ac si mors significator corpus Christi astringentes illud in patibulo crucis. Set omnia peccata carnis nostre, vel Christum autorem peccatorum necavit mortem nosque suo sanguine vivificavit dicente Apostolo (Röm. 8, 3): „Mittens Deus filium suum in similitudinem carnis peccati de peccato dampnavit peccatum in mortem.“ Puncto autem eo lancea, exivit de latere eius san*(fol. 145ª, 1. R.)*guis et aqua ad populum fidelem et ad lavacrum regenerationis in vitam eternam.

XXXVI. De adamante.

Phisiologus dicit: est lapis qui dicitur adamas, et in quodam monte orientis invenitur, ita tamen, ut nocte queratur, non die, quoniam nocte lucet, ubi fuerit, per diem autem non lucet, quoniam sol obtundit lumen eius. Hunc lapidem non ferrum, non ignis, nec alius lapis contra eum potest prevalere. De hoc lapide adamante dicit propheta: „Vidi virum stantem super murum adamantinum et in manu eius lapidem adamantem in medio populi israel.“ Creatori autem creatura prevalere non potest, et ideo adamas Christus est. Stat autem super murum adamantium, super sanctos et vivos lapides, de quibus edificatur celestis ierusalem. Hi sunt apostoli, prophete, martires, quibus neque ignis, neque gladius, neque bestiarum dentes prevalere potuerut. Et illo vero adamante omnes sancti adamantini lapides a propheta dicti sunt, sicut de nomine Christi christiani nominantur. Nam quia propheta dicit: vidi virum stantem super murum adamantinum, ecce, inquid, in manu eius adamas, id est filius Dei et filius hominis, qui in utero Marie carnem assumere dignatus est: ipsum tenet in manu in gloria deitatis sue, sicut testatur de ipso Daniel dicens (10, 5): „Vidi et ecce, inquid, vir indutus baldui.“ Vir autem qui dicitur deitatis significat maiestatem, baldui vero carnalem hominem quem induere dignatus est. Baldui enim lineum interpretatur, id est indumentum, quod de terra nascitur. De viri appellatione beatus Petrus apostolus dicit (Ap. G. 2, 22): „Jesum nazarenum virum Deum nobis manifestum.“ Nec non et beatus Paulus dicit (2. Kor. 11, 2):

„Desponsavi enim vos uni viro virginem castam exhibere Christo." Et ut manifestius agnoscamus, quia ipse est Christus, de quo ipse dixerit, testatur ipse Paulus dicens: „An experimentum eius queritis, qui in me loquitur Christus?" Ergo *(fol. 145ᵃ, 2. R.)* mons quem dicit Phisiologus orientalis, in quo lapis adamas invenitur, Deum patrem ingenitum significat, ex quo omnia oriuntur. Montem vero altam et inaccessibilem gloriam dicit, sicut ait apostolus Paulus de ipso, qui solus habet inmortalitatem et lucem habitat inaccessibilem, in quo ille lapis invenitur, id est „Christus in patre et pater in me est." Et iterum: „Qui me videt, videt et patrem" (Job. 4). Quod lapis per diem non invenitur, significat Christum celasse descensionem suam celestibus virtutibus et dominati(.nibus et potestatibus, qui tanquam luminaria Dei assistunt. Non ergo scierunt iustum celeste portantem ministerium descensionis eius et incarnationis quod futurus erat in terra. Denique iam transactis omnibus mirabilibus eius, que fecit pro humani generis redemptione, cum ascendisset in celos integrum atque perfectum hominem indutus videntes eum superne civitatis agmina dixerunt (Jes. 63, 1): „Quis est iste rex glorie, qui ascendit ex edom, rubrum vestimentum ex bosra?" Quis est iste, qui ascendit ex sanguinea et rubor vestimenti eius ex carne? Et quia nocte invenitur ille lapis, quoniam in istius seculi tenebris descendit et illuminavit omne hoc genus, quod sedebat in tenebris et in regione umbre mortis, sicut dicit David propheta ex persona totius humani generis (Ps. 18, 29): „quoniam tu illuminas lucernam meam, Domine, Deus meus, illumina tenebras meas." Venit ergo Dominus noster et lucernam, quam extinxerat diabolus, id est animam et corpus, in se suscip[i]ens illuminavit splendore glorie sue vivificans et reportans manifestius, dicente apostolo de tam admirabilis misterii sacramento (1. Tim. 3, 16): „Etenim evidenter, inquit, magnum misterium pietatis, quod manifestum est in carne, iustificatum est in spiritu, quod apparuit angelis, predicatum est in *(fol. 145ᵇ)* gentibus, creditum est in hoc mundo, assumptum est in gloria." Quod autem de eo lapide dicit Phisiologus, quod neque ferrum illi prevalet, id est mors illi non dominabitur. Delevit enim mortem et conculcavit sicut per Apostolum testatur dicens (1. Kor. 15, 55): „Devicta est mors in victoria. Ubi est mors contentio tua, ubi est mors aculeus tuus?" Set neque ignis illi potest quicquam facere, id est diabolus, qui ignitis iaculis suis succendit omnem terram et civitates luxuriosos ebriosos et iracundos, de quibus Isaias dicit (Jes. 1, 7): „terra autem deserta, civitates vestre igni cremate." „Dominus autem Iesus Christus interficiet eum spiritu oris sui." Set neque alter lapis (lapis) nocuit, id est nullus homo penitus, neque ulla creatura poterit adversus eum. Omnia enim per ipsum facta sunt et sine ipso factum est nichil.

Ethim[ologia].

Adamas lapis parvus et indecorus, ferrugineum habens colorem et splendorem cristallinum, et in modum nuclei avellani reperitur.

Hic nulli cedit materie, nec ferro quidem, nec igni, nec unquam in-
calescit: unde et nomen interpretatione greca indomita vis accepit.
Set dum sit invictus ferro, ignisque contemptor, hircino sanguine
rumpitur recenti, et calido maceratur, sicque multis ictibus ferri per-
frangitur. Cuius fragmenta sculptores pro gemmis insigniendis, per-
forandis utuntur. Is. Et. XVI, XIII, 2 (Ar. IV, 276).
Hic autem dissidet cum magnete lapide in tantum, ut iuxta
positus ferrum non patiatur abstrai in magnetem, set si animotus
(sic! — admotus) fuerit adamas, magnetem rapit, comprehendit et
aufert. Fertur quoque in electri similitudine venena depellere, metus
vanos expellere, maleficis resistere artibus. Genera eius sex.

Is. Et. XVI, XIII, 3 (Ar. IV, 276 f.).

XXXVII. De mermecolion et de naturis eius.

(fol. 145 b, 2. R.)   De sancta Maria et filio eius Iesu Christo.

Item lapis est in mari, qui dicitur latine mermecolion, grece
conca sabea, quia concavus est et rotundus. Est autem in duas
partes divisus, ita ut cum voluerit claudat. Hic ergo de fundo maris
in matutinis horis ascendere dicitur. Ergo cum ascenderit de loco
suo super mare, aperit os suum et suscipit intra se de rore celi et
circumfulget eum radiis solis et sic fit intra eum margarita preciosa
et splendida valde, quippe que rore celi concepta est et radio solis
clarificata. Lapis ergo iste qui dicitur conchus, figuram gerit Sancte
Marie, de qua prophetavit Ysaias dicens (11, 1): „Exiet virga de radice
Iesse." Et iterum ipse (Jes. 7, 14): „Ecce virgo concipiet in
utero et pariet." De qua virga et virgo Sancta Maria est dicta.
Flos vero qui de Sancta Maria natus est, Dominus Deus Noster Iesus
Christus est. Sicut enim de mari ascendit ille lapis, sic Sancta
Maria ascendit de domo patris sui ad templum Dei et ibi accepit
rorem celestem, hec sunt verba, que dicta sunt ad eam ab archangelo
Gabriele (Luc. 1, 35): „Spiritus Domini superveniet in te et virtus
altissimi obumbrabit tibi, ideoque et quod nascetur ex te sanctum,
vocabitur filius Dei." Ecce hi sermones sunt ros celestis, sicut ante
Iacob patriarcha sanctus benedicens filium suum, significans quia
Christus ex semine eius nasceretur, ait ad eum dicens (Gen. 27, 28):
„Det tibi Deus de rore celi et de ubertate terre", castam atque in-
tactam virginem Mariam significans; matutinis autem horis, quod
dixit, tempus orationis in matutinis describit. Quod autem aperit os
suum conchus, significat ubi dicit Maria ad angelum (Luc. 1, 38):
„Ecce ancilla Domini, fiat michi secundum verbum tuum" et statim
accepit spiritum sanctum in se et virtus altissimi tanquam sol iusticie
clarificavit eam atque in eo quod natum est ex ea, vita est et „lux
venit que illuminat omnem hominem venientem in hunc mundum,"
(Joh. 1, 9). Et Paulus: „qui est *(fol. 146 a)* splendor glorie et

imago substancie eius" (Hebr. 1, 3). Et alibi: „in quo complacuit omnem plenitudinem divinitatis inhabitare" (Kol. 1, 19). De ista igitur margarita legitur in ewangelio, quia „simile est regnum celorum homini negociatori querenti bonas margaritas. Inventa autem una bona margarita vendidit omnem substantiam suam et possedit margaritam" (Matth. 13, 45, 46). Iste autem negociator est utique chorus apostolorum. Omnes enim apostolos unum negociatorem dicit propter unitatem fidei. Etenim „non est iudeus, neque grecus, neque servus, neque liber, neque [s]citha, neque barbarus, neque masculus, neque femina, omnes enim unum sumus in Christo Iesu" (Kol. 3, 11). Idem ergo bonus et sapiens negociator sanctus chorus apostolorum, querit bonas margaritas, hoc est lex et propheta, sive omnis anima credens in Deum. Querit istas bonas margaritas, hoc est apostolos et prophetas et patriarchas, per quos possit ad illam veram et preciosam pervenire margaritam. Isti sunt lapides sancti, qui volvuntur super terram. Cum ergo istos memoratos ille bonus negociatur invenerit illam preciosam margaritam, id est Dominum Nostrum Iesum Christum, filium Dei vivi, emit venditis omnibus facultatibus suis, id est contempnens et aspernens non solum istius vite substantiam, set eciam uxorem et filios et omnem cognationem carnalem, insuper et corpus suum et animam, sicut veritas dicit (Matth. 10, 39): „Quicumque perdiderit animam suam propter me, inveniet eam." Hec omnia videns apostolorum chorus, non aurum accipit, neque argentum, sicut ait beatus Petrus ad illum claudum stipem petentem (Ap. G. 3, 6): „Argentum, inquid, et aurum non est michi, quod autem habeo, hoc tibi do. In nomine Domini Nostri Iesu Christi surge et ambula." Et Paulus dicit: „omnia, inquid, quecumque michi erant lucra, hec propter Christum arbitratus eum dampna, propter eminentem innocentiam Christi" (Phil. 3, 8). Quis ergo consi(2. R.) deranter contempserit omnes facultates suas uxoremque et filios et omnem cognationem suam, insuper et corpus et animam propter unius magarite adquisicionem; nisi certissime confisus fuerit et crediderit posse se per unam margaritam adquirere, satis maiores et meliores divitiarum facultates precellentioremque honorem insuper et glorie coronam? Que omnia ille negociator possidet, qui est apostolorum chorus per unum illum lapidem preciosum Dominum Iesum Christum, qui est vera margarita, via et veritas et vita nostra. Denique audi ipsum in ewangelio dicente (Luc. 10, 19): „Ecce, inquid, vobis dedi potestatem spirituum inmundorum et calcandi super (omnes) serpentes et scorpiones et super omnem virtutem diabolicam et sanare omnes lang[u]ores et omnes infirmitates." Et iterum: „Euntes praedicate, quoniam appropinquavit regnum celorum. Infirmos curate, leprosos mundate, cecos illuminate, mortuos suscitate, demonia eicite" (Matth. 10, 1, 8). Videte nunc quam inestimabilis sit ista margarita sanctis martiribus, qui non solum cum in hac vita essent, set eciam post huius vite excessum mira egerunt, sicut nunc videmus quomodo in obsessis corporibus spiritus inmundi illorum virtute et potestate torquentur et cruciantur et invisibilibus flagris verberantur quousque eiciantur et effugentur ab hominibus, sicut ipsi demones audientibus nobis exclamant vociferantes et rogant eos, ut cessent torquere eos, tamen ut sunt varii et multiformes, alii clamantes, alii rugientes, et sicut serpentes sibilant et fugantur ab obsessis corporibus hominum per apostolorum atque omnium sanctorem virtutes, que illis secundum merita sua a Domine date sunt. Honorem vero illum transcenden*(fol. 146 ᵇ, 1)*tem et supereminentem omnibus terrenis houoribus sortiti sunt ab illo precioso lapide, pro quo omnia sua dimiserunt, ut illum celestem thesaurum possiderent qui aiunt ad Salvatorem (Matth. 19, 27 f.): „Ecce nos quidem dimisimus uxores et filios et omnes possessiones propter te, quid facies nobis in regno tuo?" Et ille dicit eis: „Amen dico vobis, cum sederit filius hominis in sede maiestatis sue ad iudicandum orbem terre, sedebitis et vos super sedes XII iudicantes XII tribus Israel." Unde satis confidens Paulus apostolus dicit (1. Kor. 6, 2): „Scitis quoniam angelos iudicabimus? Et in nobis iudicabitur hic mundus." Tanta enim gloria et tanto honore remuneratus est apostolorum chorus, ut eciam in hoc seculo adhuc positus legitimus ille athleta Christi Paulus previderit in celis iusticie sue coronam sicut exultans ait (2. Tim. 4, 7 f.): „Bonum certamen certavi, cursum consummavi, fidem servavi; de cetero reposita est michi corona iusticie, quam reddet mihi Dominus in illa die iustus iudex; non solum autem michi set et omnibus qui deligunt presenciam regni eius." Talem coronam merentur a Christo beatorum apostolorum chori, talem retributionem recipiunt pro cor[r]uptibilibus.

C. Nähere Ausführung.

Es gilt nun, den Beweis für die oben ausgesprochene Behauptung zu erbringen, dass uns die Vorlage Guillaume's in Wesen und Wortlaut getreu erhalten ist durch den Bestiarius der Hs. Reg. 2 C. XII. Dies würde am besten wohl dadurch geschehen, dass der lateinische und der altfranzösische Text nebeneinander abgedruckt würden mit besonderer Hervorhebung der wörtlich übereinstimmenden Stellen beider Redaktionen. Aus zweierlei Gründen ist dies jedoch unmöglich: einmal, weil man, wie sich noch zeigen wird, der völligen Übereinstimmung halber. den ganzen umfangreichen Text des Bestiaire wiederholen müsste, und ferner, weil, selbst wenn dieser Grund hinfällig wäre, es zu solcher Reproduktion vor allem an einem kritischen Texte fehlte. Ich werde daher im Folgenden den entgegengesetzten Weg einschlagen und als Resultate einer ins Einzelne gehenden genauen Vergleichung angeben, an welchen Stellen Guillaume von dem lateinischen Texte abweicht, oder wann dieser freier behandelt erscheint. Die Geringfügigkeit solcher Stellen wird meine Behauptung erhärten. Ich gehe artikelweise vor und schicke als selbstverständlich voraus, dass die Einleitung über Dichter und Dichtung und der sich ihr unmittelbar anschliessende Exkurs über die Geschichte der Kirche von Adam bis auf Christus selbsteigenes Werk Guillaume's sind.

1) Löwe.

Die drei Naturen des Löwen werden zusammenhängend hinter einander behandelt und dann erst ihre typischen Auslegungen, während im lateinischen Texte jeder einzelnen Natur die Auslegung gleich folgt.

Die Bibelstellen Gen. 49, 9, Ps. 24, 8, Hohes Ld. 5, 2, Ps. 121, 4 und 4. Mos. 24, 9 sind als solche nicht mehr erkennbar.

Eigene Zuthat Guillaume's ist das in den Versen Hipp. 187—198, Cah. II, 114, b 7—18 zur Erläuterung gegebene Beispiel.

In dem auf Isidor's Etymologieen zurückzuführenden Abschnitte Hipp. 211—226, Cah. II, 114, b 31—115, a 5 bringt unser Dichter nur, was oben in dem entsprechenden lateinischen Abschnitte gesperrt gedruckt ist. Es ist enthalten in Is. Et. XII, II, 5 u. 6.[1])

2) Antilope.

Der Name des Busches „Herecina" wird nicht genannt.

Die Bibelstelle Jes. Sir. 19, 2 ist als solche nicht mehr erkennbar, hat aber wie die im Artikel vom Löwen erwähnten Verse zur Gestaltung des Textes beigetragen. Sie lautet: „Vinum enim et mulieres apostatare faciunt homines a Deo," und ich führe sie zurück auf die Verse:

„*Les bons bievres soefs e chiers,*
Les beles femmes, les beals dras".

3) Feuersteine.

Der Name „terobolem" wird nicht angeführt.

4) Serra.

Matth. 24, 13 ist nicht erkennbar.

5) Caladrius.

Nicht verwendet ist Deut. XIV, 18: „Non manducandum", ferner „Cuius interior femur (— das Knochenmark! —) curat caliginem oculorum." Hingegen beziehe ich das: „Istud in atriis regum invenitur" auf: „*Mult par est cist oisials corteis.*"

---

[1]) Ich benutzte die Ausgabe von Arevalo: S. Isidori Opera Omnia. T. IV. Romae 1801.

Ohne Beleg stehen Guillaume's Verse da:
„Aucone fiz la troeve l'en
El pais de Jerusalem."
Hipp. 449 f.; Cah. II, 132, 5 f.
Die Verse aus der Bibel sind nicht wörtlich wiedergegeben und genannt, lassen sich aber mit Bestimmtheit erkennen.
In Reg. 2 C. XII wie in den meisten Redaktionen ist nun dem Artikel vom Caladrius ein Exkurs darüber angefügt, warum der Caladrius als unreiner Vogel doch Christum bezeichnen könne. Auch Guillaume hat diesen Passus gekannt, denn die Verse, mit denen er seinen Artikel schliesst:

„Issi faire li coveneit:
Ausi come Moyses aveit
Halcie la serpent del desert,
Ausi coveneit en apert
Le(s) filz de femme estre eshaucie
E en la seinte croiz haucie" ;
Hipp. 501—506, Cah. II, 133, b 11—16

entsprechen den Worten unseres lateinischen Textes: *„(Set forsitan dicis, quia Caladrius immundus est secundum legem. Certum est.) Set et serpens immundus est, et Johannes testatur de eo dicens quoniam „sicut Moyses exaltavit serpentem in deserto, sic exaltari oportet filium hominis."* (Joh. 3, 14.) Beiläufig ersieht man hieraus wiederum Guillaume's Tendenz, auf die Bibelstellen seiner Vorlage nicht direkt zu verweisen.

6) Pelican.

Was Guillaume aus der „Ethimologia" aufgenommen hat, hat er der Physiologuserzählung einverleibt, wo es sich in den Versen Hipp. 514—524, Cah. II, 138, 8—18 findet.

7) Nycticorax.

Obwohl nur wenige der zahlreichen Bibelzitate dieses Artikels von Guillaume namhaft gemacht werden, so sind sie doch allesamt von ihm benutzt worden. Wir geben von solcher Benutzung ein Beispiel, um zu zeigen, wie unser Dichter sie zu verarbeiten pflegt:
„Donc se mostra Deu a noz genz
Qui estion las e dolenz;
En tenebruse region,
En l'umbre de mort seion.
Hipp. 619—622, Cah. II, 171, b 8—11.
Tunc Dominus convertit se ad nos gentes et illuminavit nos „sedentes in umbra mortis et tenebris" (Jes. 9, 2).[1]

---

[1] Es sei hier auch für das Folgende bemerkt, dass den Herausgebern des Bestiaire's derartige Stellen vielfach entgangen sind.

8) Adler.

Die Stelle aus Ps. 108, 5 ist nicht aufgenommen.
Die auf Is. Et. XII, VII, 10 u. 11 zurückzuführenden Stellen,
welche der „Ethimologia" unseres lateinischen Textes völlig entsprechen, sind bei Guillaume der Hermeneia vorangestellt, vgl. die Verse
Hipp. 667—674, 675—690, Cah. II, 167, a 25—32, ib. a 33—b 14.

9) Phoenix.

Dem Verse:
„*Od son bec alume son feu.*" Hipp. 748, Cah. II, 185, a 2
steht der Ausdruck „*circumvolvens se de aromatibus ignem sibi incendit*" unserer lateinischen Redaktion entgegen. — Den Anfang des
Artikels hat Guillaume ans Ende gesetzt. Die koptischen Namen
für den neunten Monat erwähnt er nicht.

Aus der „Ethimologia" konnte er um deswillen nichts aufnehmen,
weil ihr Inhalt mit dem des Physiologusartikels zusammenfällt. Isidor
hat hier nämlich selbst aus einem Physiologus geschöpft.

10) Wiedehopf.

Die Verse:
La hupe est un oiseaus vilain,
Son ni n'est pas corteis ne sain,
Ainz est fait de tai e d'ordure.
Hipp. 805—807, Cah. II, 179, a 1—3
sind vielleicht entstanden aus dem oben gesperrt gedruckten Teile
des aus Is. Et. XII, VII, 66 hervorgegangenen Abschnitts des
Bestiarius, welcher lautet: „*Huppupa ideo greci vocant, quod hu-
mano stercore et fetenti pascatur fimo, in sepulcris habitans.*" Von
dem anderen Teile der Ethimologia findet sich bei Guillaume nichts.
Sonst herrscht allenthalben engste Übereinstimmung.

11) Ameise.

Guillaume's Text schliesst sich dem lateinischen völlig an, abgesehen davon, dass in der naturgeschichtlichen Schilderung die
dritte Natur der Ameise auffallenderweise fehlt. Da sowohl die von
Cahier und Hippeau benutzten wie auch unsere englischen Handschriften sich hierin gleich verhalten, so darf man wohl annehmen,
dass Guillaume's lateinische Vorlage diese dritte Natur gar nicht
aufwies. — Wie Reg. 2 C. XII verbindet Guillaume mit der Erzählung
des Physiologus den Bericht über die äthiopischen Ameisen und die
List, wie man sich ihres Goldes bemächtigt. Dies findet sich Hipp.
947—994, Cah. II, 194, b 30—195, b 7; und hieran schliesst er
die Schilderung des Ameisenlöwen, die in der Ausgabe von Hippeau
jedoch fehlt und bei Cahier II, 195, b 8—19 steht. Sie geht zurück

auf Is. Et. XII, III, 10. Die goldgrabenden Ameisen kommen schon in den älteren naturgeschichtlichen Werken und so auch bei Isidor Et. XII, III, 9 vor, aber keines von ihnen berichtet von der Art und Weise, wie man in den Besitz ihres Goldes gelangt. Diese Erzählung tritt zuerst auf in unserer Handschrift Reg. 2 C. XII und ist übergegangen in sämtliche Redaktionen, die unter dem Namen Hugo's von St. Victor gehen oder in diese Kategorie gehören. Philipp und Guillaume zeigen sie gleichlautend, in den eigentlichen Physiologen findet sie sich nicht.

12) Sirenen.

Die Stelle Jes. 13, 22 ist nicht aufgenommen, sonst Übereinstimmung, nur behandelt Guillaume die kurze Hermeneia etwas frei. Der in Reg. 2 C. XII wie in den meisten Physiologen mit den Sirenen verbundene Artikel vom Onocentaurus fehlt im Bestiaire Divin. Ebenso fehlt ein Anklang an das, was in unserer „Ethimologia" steht.

13) Igel.

Völlige Übereinstimmung. Das gesperrt Gedruckte der „Ethimologia" entspricht den Versen Hipp. 1061—1070, Cah. II, 200, a 7—16.

14) Ibis.

Der Inhalt der „Ethimologia" fehlt.

15) Fuchs.

Die Bibelstellen Ps. 63, 11, Luc. 13, 22, Luc. 9, 58 und Hohes Lied 2, 15 sind nicht mehr erkenntlich. Von der „Ethimologia" findet sich nichts, da sie sachlich mit dem naturgeschichtlichen Teile des Physiologusartikels übereinstimmt.

16) Einhorn.

Der Inhalt der „Ethimologia" findet sich bei Guillaume dem Artikel vorangestellt (Hipp. 1309—1326, Cah. II, 223, a 1—224, a 4).

17) Biber.

Von der „Ethimologia" hat Guillaume nichts aufgenommen.

18) Hyaene.

Dass die Hyäne in der Nähe von Gräbern hause und sich von Leichnamen nähre, wie es unser Dichter in den Versen:

Car ele manjue les morz
Et en lor sepulcres habite

Hipp. 1510 f., Cah. III, 205, a 18 f. erzählt, berichtet schon
Plinius (VII, 106). In den mir bekannten reinen Physiologen findet
sich dieser Zug nicht, auch nicht in Reg. 2 C. XII. Wohl aber
weist ihn der Bestiarius Cott. Vesp. E. X des British Museum auf,
welcher sagt: „Physiologus dicit de ea, quoniam duas naturas habet
hiena, aliquando quidem masculus est, aliquando vero femina; et iam
in sepultis mortuorum habitans eorumque corpora ve-
scens." Aus diesem Umstande halte ich meine Annahme für ge-
rechtfertigt, dass auch Guillaume's Vorlage die Stelle hatte, und dieselbe in Reg. 2 C. XII nur durch Zufall weggeblieben ist. Übrigens
ist hier Guillaume ein Missverständnis unterlaufen. Während die
Doppelnatur der Hyäne darin besteht, dass sie bald männlich, bald
weiblich ist, fasst er als die eine Natur auf, dass sie in Grabstätten
sich aufhält, und als die andere, dass sie männlich und weiblich ist:

> „*Iceste beste a dous natures:*
> *Qui si habite es sepultures,*
> *Ja de cele(s) parler n'orrez;*
> *L'em dit qui vos la troverez*
> *Vne fiez malle, altre femele,*
> *E od traianz e od mamele.*"

Hipp. 1525 – 1530, Cah. III, 205, b 14—19.
Einen französischen Namen für das Tier kennt Guillaume nicht:

> *... beste ...*
> *Qui a non hyene en grezeis,*
> *Ne la sai nomer en franceis.*

Hipp. 1503 f., Cah. III, 205, a 11 f.,
wie er auch vom Ibis keinen kannte, von dem er sagt:

> *Son nom ne sai en romanz mie.*

Hipp. 1113, Cah. II, 205, a 3. —
Der dem Artikel von der Hyäne angehängten „Ethimologia"
entsprechen die Verse Hipp. 1519—24, Cah. III, 205, b 8—13.

19) Hydrus.

Auf Isidor lassen sich die Verse Hipp. 1576—1593, Cah. III,
214, a 9—b 11 zurückführen. Guillaume verfasste sie auf Grund
unserer „Ethimologia", ebenso wie die Verse Hipp. 1594—1611,
Cah. III, 214, b 12—215, a 8. Es handelt sich hier in diesem
letzteren Abschnitte um die heuchlerischen Thränen, welche das
Krokodil vergiesst, nachdem es einen Menschen gefressen hat
(— „Krokodilsthränen"! —); ferner um die Thatsache, dass es
beim Fressen die oberen Kiefer nicht bewegen könne, und endlich
um jenes eigentümliche Toilettemittel, welches ältliche Damen aus
der Krokodilhaut zur Verschönerung des Teints zu bereiten pflegten.
Diese drei Punkte werden in den bekannten lateinischen Zoologieen
nicht berichtet; ich kann sie nicht weiter zurückführen als auf

unseren Bestiarius Reg. 2 C. XII. Die einschlagenden Verse Guillaume's lauten:

S'il encontret home e il le vaint,
Manjue le, rien n'i remaint,
Mes toz jors pois apres le plore,
Tandis com en vie demore.
De ceste beste sole avient
Que les gencives desoz tient
Tot en pes, quant ele manjue,
E iceles desus remue.
Ceste nature n'est donee
A autre criature nee.
De sa coune seurement
Soleit l'en faire un oignement:
Les vielles femmes s'en oigneient,
Par cel ognement s'estendeient
Les rues del vis e del front,
E plusors encore le font;
Mes pois que la suor (Hs.: savor) sorvient,
Sachiez que nul preu ne lor tient.

Hipp. 1594—1611, Cah. III, 214, b 8—215, a 8.

20) Steinbock.

Die Bibelstellen Hohes Lied 2, 8 und 8, 14 sind nicht ersichtlich. Der im Bestiarius auf Luc. 22, 48 gegründete Passus fehlt.

21) Wildesel.

Den Versen Hipp. 1767—1786, Cah. III, 227, a 13—b 10 entspricht unsere „Ethimologia".

22) Affe.

Die Stelle 2. Thess. 2, 8 ist nicht erkennbar. — Aus der „Ethimologia" entstammen die Verse Hipp. 1855—1860, Cah. III, 232, a 11—16 und Hipp. 1873—1882, Cah. III, 232, b 10—19. Jedoch muss hierzu bemerkt werden, dass Guillaume von den dort aufgezählten fünf verschiedenen Abarten nur drei anführt.

23) Blässhuhn.

Die Stelle Ps. 104, 17 ist nicht nachweisbar. In den Versen Hipp. 1895—1904, Cah. III, 210, a 13—22 wird man den Inhalt der „Ethimologia" wiedererkennen.

24) Panther.

Die beiden Physiologusartikel selbst stimmen völlig überein, wenn man die Lücke von ca. 90 Versen ausfüllt, die sich bei Hip-

peau nach Vers 2021 findet, und die unsere Handschriften und Cahier [1]) ergänzen. — Völlig ungerechtfertigt ist es, wenn Hippeau den
dem Artikel angeschlossenen Abschnitt über den Drachen als selbständigen Artikel auffasst. Er stammt vielmehr indirekt aus Isidor
und nimmt zum Ganzen dieselbe Stellung ein, wie der Exkurs über
das Krokodil zum Artikel vom Hydrus. Was vom Drachen berichtet
wird, findet sich insgesamt in der „Ethimologia".

25) Walfisch.

Die am Ende der Hermeneia im Bestiarius angegebene Bibelstelle Sprüche 27, 9 ist in den altfranzösischen Text nicht aufgenommen. Nicht aufgenommen ist ferner die „Ethimologia", welche
auf Grund von Is. Et. XII, VI, 8 die Erzählung des Physiologus
nur kurz wiederholt.

26) Rebhuhn.

Die „Ethimologia" fehlt, da sie nur die naturgeschichtliche
Schilderung wiederholt. In dieser kann sich Guillaume jedoch nicht
enthalten, als Feinschmecker hinzuzufügen:
> „C'est la perdriz que nos veon,
> Que nos si volentiers manjon."
Hipp. 2173 f., Cah. III, 249, a 3 f.

27) Wiesel und Schlange.

Wie in den meisten lateinischen Redaktionen werden auch in
unserem Bestiarius Reg. 2 C. XII Wiesel und Schlange in einem
Artikel behandelt mit dem Titel: „de mustela et aspide." Was nun
unseren altfranzösischen Physiologus anlangt, so sieht Hippeau in
beiden Typen getrennte Artikel, ich meine aber, dass sie auch bei
Guillaume nur einen einzigen bildeten, und sehe einen sicheren Beweis
für die Richtigkeit meiner Ansicht in dem Umstande, dass der Abschnitt über das Wiesel mit einem Verse auf -is schliesst und der
von der Schlange mit einem ebensolchen beginnt. Bei der selbständigen Stellung, welche die einzelnen Artikel zu einander einnehmen, wäre ein derartiges Auseinanderreissen von Verspaaren ganz
widersinnig.

Die nähere Ausführung über beide Tiere stimmt im lateinischen
und altfranzösischen Texte völlig überein. Da aber die Aspis diejenigen Reichen bezeichnet, welche von Christus nichts hören wollen,
so hatte Guillaume hier gute Gelegenheit, das Gleichnis von dem
Weisen anzubringen, der seinen Besitz in Gold umwechselte und dieses
ins Meer warf. Hipp. 2310—2371, Cah. II, 151, b 10—152, b 1.

---

[1]) Cah. III, 244, a 19—245, b 17 (94 Verse, von denen nur die ersten
und die letzten bei Hippeau sich finden, nämlich 2021—32).

Es findet sich dieses Gleichnis schon im Besant V. 965—1038. In den Versen Hipp. 2252—2257, Cah. II, 150, a 9—b 1 folgen einige weitere Eigenschaften des Wiesels, welche die „Ethimologia" aus Isidor .entnommen hat. Hierzu ist zu bemerken, dass bei Hippeau die Verse fehlen:

> *Fols sont cil qui vont afermant*
> *Que ele receit e espant*
> *La semence par mi l'oïe;*
> *Seurement coe n'i ad mie.*

Cah. II, 150, b 2—5.

In gleicher Weise ist dem Abschnitte über die Aspis in den Versen Hipp. 2380—2401, Cah. II, 152, b 10—153, 4 ein Exkurs über die verschiedenen Arten derselben angeschlossen, der sich ebenfalls in der „Ethimologia" findet. Doch fehlen in Hippeau's Ausgabe die Verse:

> *Encore i ad une plus male*
> *Qui mult ad venin en sa male:*
> *Co qu'ele point ja ne garist,*
> *Car le cors maintenant porist*
> *E chiet en poldre tot et en cendre;*
> *Tantost li covient si descendre.*

Cah. II, 152, b 32—153, 4.

28) Strauss.

Die Bibelstellen Hiob 9, 9 und Matth. 8, 22, sowie die „Ethimologia" aus Is. Et. XII, VII, 20 sind nicht benutzt.

29) Turteltaube.

Die Bibelstellen Matth. 10, 22 und Ps. 27, 14 sind in Guillaume's Texte nicht erkennbar. — Die „Ethimologia" (Is. Et. XII, VII, 60) ist nicht aufgenommen.

Die Ermahnung der Hermeneia zur Keuschheit regt unseren Dichter zu folgender Auslassung an (Hipp. 2491—2501, Cah. III, 264, a 21—27):

> *Ne sont mie de tele nature*
> *Plusors genz qui el siecle sont*
> *Qui ja a une ne se tendront,*
> *Espos ne espose a son per:*
> *Quant l'un vient de l'altre enterer,*
> *Ainz que mangie a dous repas*
> *Velt aver altre entre ses braz.*

In gleicher Weise giebt sie ihm Gelegenheit zu der schon oben zitierten Schilderung der kirchlichen Zustände Englands zur Zeit der Abfassung des Bestiaire.

30) Hirsch.

Die Stelle Ps. 42, Vers 2 ist nicht aufgenommen. — Für die Verse Hipp. 2546—2551, Cah. III, 269, a 1—6 und Hipp. 2610—

2619, Cah. III, 270, a 9—b 3 fand Guillaume den Stoff in unserer „Ethimologia", die ihn wiederum aus Isidor entlehnt. Zwischen dem altfranzösischen und dem lateinischen Texte herrscht durchaus Übereinstimmung, insbesondere ist beiden gemein die in allen übrigen Texten fehlende Benutzung von Matth. 8, 29 ff.

31) Salamander.

Die Stelle Spr. 30, 28 ist nicht benutzt worden. — Der Inhalt der Verse Hipp. 2642—2651, Cah. III, 273, a 11—19 findet sich in der „Ethimologia" und stammt aus Is. Et. XII, IV, 36.

32) Tauben.

In der allgemeinen Auslegung fehlen die Bibelstellen Joh. 1, 82, 1. Tim. 2, 4 und Hebr. 1, 1, ferner in dem Abschnitte über die weisse Taube, welche Johannes den Täufer bezeichnet, die Stellen Matth. 11, 11, Luc. 16, 16 und Joh. 1, 29. Was die rote Taube anlangt, so fehlt bei Guillaume der ganze Passus, der in unserem Texte zwischen den Worten: „Rubicundus vero color significat Domini passionem" und der Ethimologia steht. Von dieser selbst ist der zweite Teil, der auf Is. Et. XII, VII, 62 zurückgeht, nicht aufgenommen, während der erste Teil sich in den Versen Hipp. 2709—2713, Cah. III, 279, a 18—22 wiederfindet. Was endlich Guillaume in den Versen Hipp. 2695—2708, Cah. III, 279, a 4—17 berichtet, nämlich dass der heilige Geist bei der Taufe Christi in Gestalt einer Taube zugegen gewesen sei, dass er in derselben Gestalt häufig komme, um die im Glauben Bedrängten zu stärken, und früher jedes Jahr zu Ostern in Jerusalem gesehen worden sei, ist in unserem Bestiarius nicht zu lesen und dürfte auf eine direkte Quelle überhaupt nicht zurückzuführen sein.   Solche und ähnliche Geschichten waren durch das Mittelalter weit verbreitet und wurden gern geglaubt.   Als im Jahre 1475 Ludwig XI. von Frankreich und Eduard IV. von England eben Friede geschlossen hatten, liess sich auf ein Zelt eine weisse Taube nieder, was von den versammelten Heeren dahin gedeutet wurde, dass der Friede ein Werk des heiligen Geistes sei.   Ein gascognischer Edelmann freilich machte sich über diesen frommen Glauben lustig. [1])

---

[1]) Plusieurs la tenoient pour une œuvre du Ciel, (sc. la paix entre Edonard IV et Louis XI) disant qu'elle avoit accomply les Propheties, que le sainct Esprit l'avoit fait, qu'un Pigeon blanc avoit paru le jour de l'entreveue des deux Rois sur la tente d'Edouard, et que tout le bruict de l'armee ne l'avoit peu faire bouger de là.
     Un Gentil-homme Gascon qui servoit le Roy d'Angleterre, nommé Bretailles, . . . se mocquoit de ceste resverie. Il disoit que ce Pigeon battu de la pluye s'estoit mis sur ceste tente comme sur la plus haute pour s'essuyer au Soleil . . .
     Matthieu, Histoire de Lovys XI. Paris 1620. IV, 830.

Es sei mir gestattet, hier ein Beispiel für die Mangelhaftigkeit der Ausgabe Hippeau's anzuführen. Guillaume giebt in engem Anschlusse an unseren lateinischen Text eine Erklärung des Namens „Paradision" (— παραδέξιον! —). Bei Hippeau (V. 2775 ff.) lauten nun die betreffenden Verse:

> Et si dient que il a non
> Paradision en grezeis,
> Et sone autretant en franceis
> Cum verdure. Environ la destre,
> Soz cel arbre fet moult bel estre;
> La dedenz maignent et habitent
> Columps, qui forment se delitent.
>   (Vgl. Cah. III, 285, b 2—8.)

Durch Verkennung der Bedeutung des griechischen Wortes und durch gänzlich verfehlte Interpunktion ist eine widersinnige Textverstümmelung entstanden. Die Stelle muss vielmehr lauten:

> *E si dient que il ad non*
> *Paredixion en grezeis;*
> *Co sone autretant en franceis*
> *Come dire: „Environ la destre."*
> *Soz cel arbre fait mult bel estre:*
> *La dedenz maignent e habitent*
> *Colons qui forment se delitent.*

33) Elephant.

Die beiderseitigen Physiologusartikel stimmen völlig überein bis auf die Auslegung der Eigenschaften der Haut und der Knochen des Elephanten, welche bei Guillaume fehlt. Die weiteren Eigenschaften des Tieres, welche der Dichter in den Versen Hipp. 2976—3007, Cah. IV, 60, a 1—b 7 und Hipp. 3088—3097, Cah. IV, 62, a 7—16 beschreibt, sowie die Schilderung der Wurzel Mandragora in den Versen Hipp. 3098—3133, Cah. IV, 62, a 17—b 26 sind der „Ethimologia" entnommen und gehen auf Is. Et. XII, II, 14—16, bezüglich XVII, IX, 30 zurück. Schon hieraus geht hervor, dass die Mandragora nicht, wie es Hippeau auch durch den Druck angedeutet hat, als selbständiger Typus aufgefasst werden kann, da ja ihre Eigenschaften gar nicht typisch ausgelegt werden.

De amos propheta.

Unter diesem Titel bringt unser Bestiarius Reg. 2 C. XII eine ganz merkwürdige Einschiebung, die ich in keinem anderen Bestiarius gefunden habe und die einzig und allein in dem in Prosa geschriebenen Bestiaire des Klerikers Pierre aus der Picardie wiedererscheint. Ob sie in Guillaume's Vorlage gestanden und von dem Dichter ausgeschieden worden sei, weil er erkannte, dass sie nicht zum Physiologus gehöre, muss dahingestellt bleiben. Ich gebe im Folgenden den entsprechenden Wortlaut Pierre's, weil er wörtlich mit dem lateinischen Texte übereinstimmt. Es heisst da (Vgl. Cahier IV, 63 f.):

Amon li prophetes.

Amon li prophetes dist: Je n'iere mie fils de prophetes, mais paistres de chievres. Ce est que li Salveres dist de soi par le prophete: Je n'iere mie prophetes, mais Dieu engendres de Dieu, Fils es entrailles del Pere. Sicomme Ysaies dist: Tu es Dex, et Dex en toi; ensement dit: Je ne sui mie fils de prophetes, mais Fils de Dieu le verai. Et quant il fu envoies del sain de son Pere et il ot humaine char de ome, il fu paistres de chievres; ce est paistres del humain lignage conversant en pechie. Les gens qui le rechurent et creirent en lui, il les fist oeilles; cil qui nel creirent, ils remestrent en pecie, si comme li bouchet pesant el desert. Ce sont la gent qui Deu despistrent et guerroierent. Sicomme li bocet pesant es deserts demorer, ce senefie li cors de Jhesu Crist que Jui mistrent en crois; et il ocist par sa mort tos les pechies de nostre car, et vivifia nos par son saint sanc. Quant il fut ferus el coste de la lance, il en issi sans et aighe qui nos est lavemens de baptesme et rachatemens de nos pechies.

34) Magnetstein.

Alles, was Guillaume vom Magnetsteine erzählt, ist auch in unserer lateinischen Redaktion zu lesen. Jedoch ist dieselbe viel ausführlicher, und da sie auch noch den Artikel von der Perle Margarita hinzufügt, der im Bestiaire Divin gar nicht erscheint, so schliesse ich hieraus, dass Guillaume's Vorlage gegen Ende hin verstümmelt, also nicht ganz vollständig gewesen ist.

Damit sind wir zum Abschluss der Vergleichung gelangt. Als Resultat derselben ergiebt sich zunächst, dass manche Bibelstellen des lateinischen Textes sich bei Guillaume nicht finden. Die Mehrzahl von ihnen mag trotzdem zur Gestaltung des Textes beigetragen haben, nur hat sie Guillaume nicht wörtlich aufgenommen, weil er sich ihres Charakters als Bibelstellen nicht bewusst war. Ich halte mich zu dieser Behauptung berechtigt, weil die betreffenden Stellen sämtlich solche sind, welche auch im lateinischen Texte nicht ausdrücklich als biblische bezeichnet werden, während dies sonst mit Worten geschieht wie: sicut propheta, psalmista, apostolus, dominus dicit, u. a. m. — Ferner lehrt die Vergleichung, dass manche Abschnitte aus den unter dem Titel „Ethimologia" erscheinenden Anhängen aus Isidor's Ethimologiae bei Guillaume fehlen. Sind dieselben auch in seiner Vorlage vorhanden gewesen, so erklärt sich ihr Fehlen in der Dichtung zumeist aus dem Umstande, dass es gerade die Kapitel sind, welche Isidor wiederum dem Physiologus entnommen hat, also Abschnitte, die mit dem unmittelbar Vorausgehenden übereinstimmten und bei Guillaume zur Wiederholung führen mussten. — Endlich` fehlt bei Guillaume ganz und gar die Einschiebung „de amos propheta" und der letzte Artikel. Hiervon abgesehen herrscht in allem übrigen, was Inhalt und Ausdruck anlangt, völlige Übereinstimmung, sodass die Behauptung gerechtfertigt erscheint, Guillaume habe als Vorlage einen Bestiarius benutzt, der in engster Beziehung zu unserem Bestiarius Reg. 2 C. XII gestanden, dessen Wortlaut uns durch diesen erhalten ist. Damit man diese Behauptung auf ihre Richtigkeit hin prüfen kann, mögen eine Anzahl Artikel des Bestiaire Divin folgen. Dieselben sind ohne irgend einen Gesichtspunkt aufs Geratewohl herausgegriffen, jeder andere hätte ebenso gut verwendet werden können.

IV.

Textproben aus dem Bestiaire Divin.

(Hs. Douce 132.)

---

1) Lapides Igniferi (Art. III).

(N)ostre matire est mult e-
   strange,
Kar sovent se diverse e change,
E*ne porquant si est tote une,
Kar les essamples qu'ele aune
Sont totes por (Hs.: par) l'amen·
   dement
D'omme qui erre (Hs.: eire) folement.
   En Orient la sus amont
A dous pieres sor un halt mont,
Que mult sont d'estrange nature,
Kar il portent feu e ardure,
Si sont come malle e femele,
E n'oistes onques novele
Plus merveillose e plus veire,
Kar li livres nos fait a creire:
Quant ces (Hs.: ses) pieres sont
   loign,
Feu n'en istret pur nul bosoing;
E quant par aventure avient
Que l'une pres del altre vient,
Si espernent e feus en ist
Que ambedous les peres bruist;
E tant crest li feus en graigne
Qu'il esprent tote la montaigne,

E quanque a de chescone part
De la montaigne esprent e art.
   Ici deivent essample prendre
Cil qui a Deu se voilent rendre,
E qui maignent en bone vie,
Foïr deivent la compaignie
Des femmes ententivement
E lor charnel aprismement
Que cele flambe e cel ardor,
Que vient de la charnele amor,
N'arde les biens qu[e] en els sont
Que Deus qui est sires del mond
A en els par sa grace mis;
Kar en poi d'ore sont malmis
Les biens ou cele flambe cort,
Qui des choses femeles sort.
Por verite saver devom
Que toz jors a l'ange felon
Son aguait por faire pechier
Le chaste home e le dreiturier
E la chaste femme encement.
Eve, des le comencement,
Pecha par inobedience.
De cel pechié remist semence
Que toz (jorz) crest e multeplie,

Ka(r) diables pas ne se oblie.
Par la flambe de cest pechie
A maint home este engigne:
Joseph fu temptes e Samson,

L'un fu vencus, l'altre non,
L'un fu vencus, l'altre venqui,
Onc la flambe nel corumpi. ₵
Hipp. p. 200 ff., Cah. II, 127.

2) Caradrius (Art. V).

(K)aladrius est un oisiaus
Sor tos altres cortais e bials,
Altresi [blans] come la neis.
Mult par est cist oisials corteis.
Aucone fis la troeve l'en
El pais de Jerusalem.
  Quant hom est en grant maladie
Que l'en desespeire sa vie,
Donc est cist oisials aportez:
Se cil deit estre confortez
E repasser de cel malage,
Le oisel le torne le visage
E trait a se(i) l'enfermete;
E c'il ne deit avoir sante,
Li oisials se torne altre part
Ja ne f(e)ra vers lui reguart.
  (O)re est raison que jo vos die
Que cest blanc oisel segnefie:
Il segnefie sans error
Jesu Crist, nostre salveor,
Que onques noire plume n'ot,
Ainz fu tot blancs, si com li plot,
En lui nen ot onques nerte;
Il meïsmes qui est verte
Dit en l'Evangeile de sei:
„Le prince, dist il, vint a mei
De cest mond, mes rien ne trova
De tot icoe qu'il quida."
C'o est a dire, rien que son fist,
Ou pechie chalengier peust,
Si s'en tint mult a engine,
Car Deus „nen fist onques pechie,

N'en lui ne fu onques trovee
Nule tricherie provee".
  Icist verais kaladrius
Est nostre salveor Jesus
Qui vint de sa grant majeste,
Por esgarder l'enfermete
Des Jues qu'il ot tant amez
E guariz e amonestes,
Tante fiez peus e garriz,
Tant honores e encheriz,
E quant il vit qu'il morreient
En la non fei ou il esteient,
Vit lor malice e lor duresce
E lor mal coer e lor peresce,
De lor esguard torna sa face;
Par sa benigne seinte grace
Se torna donques vers noz genz
Qui esteon las e dolens,
Sans fei, sans enseignement,
En grant [misere] e en torment.
Noz enfermetez visita,
Nos pechiez en son cors porta
El seint fust de la croiz veraie
Dont li diables mult s'esmaie.
Issi faire li coveneit,
„Ausi come Moyses aveit
Halcie la serpent del desert, ✎
Ausi coveneit en apert
Le(s) fils de femme estre eshaucie"
E en la seinte croiz haucie.
Pur acreire tuz les boens
Ki sans fin remaindrunt soens.
    Hipp. p. 204 ff., Cah. II, 132 f.

3) Ibis (Art. XIV).

(U)n oisel est, onc ne fu tex,
Qui en latin a non ybex.
Son non ne sai en romans mie,
Mes mult est de malveise vie,
Nuls n'est plus ord, ne plus mal-
     veis.
Cest oisel habite ades
En rive d'estanc ou de mer,
Saveir, se il porreit trover
Ou charoine ou peisson porri,
Kar de tele viande est norri.

La charoigne que la mer gette,
Home ou beste ou peisson ou glette,
Cele atent e cele manjue,
Quant ele est a la rive venue.
En l'ewe n'ose pas entrer,
Kar il ne seit nient noer,
Ne il ne s'en vielt entremettre,
Ne al aprendre paine mettre,
Tant est malves e perescos.
A la rive atent fameillos,
Ja en clere ewe ne irra,

Ne bon peisson n'i mangera,
De nettete n'ad jamais cure,
Mes tos jorz se prent a ordure.
  (B)on crestien, qui vielt aprendre,
Deit a ceste parole entendre,
E si orra que senefie
C'est oisiau de malveise vie.
Il senefie finement
Le chaitif pecheor dolent
Qui en pechie sejorne e maint
E nule feies n'ataint
A viandes esperitels,
Totes veies vit des charnels.
E quels sont les charnels viandes?
Par fei, quant tu le me demandes,
Jo te dirra(i) que seint Pol dit,
Si com jo troes en sun escrit;
Nuls nel deit tenir a eschar:
„Les ovres, dist-il, de la char
Sont apertes e mult malveses,
Al alme engendrent grant meseses.
Coment ont ces overaignes non?
Orgoil e fornicacion,
Coveitise, yvresce e avarice,
Envie, qui mult est male vice."
Tels viandes use li las
Qui n'ose, ne qui ne velt pas
En la bele evve clere entrer,
Ne aprendre iloec a noer
As bons peissons qu'il trovereit,
Se en la clere ewe veneit.
(B)on crestien fait autrement,
Qui est baptisie seintement
E renez d'ewe e d'esperit:
Icil entre sanz contredit
E cleres ewes delitables,
C'est es mestiers esperitables,
Ou les bones viandes sont,
Qui reancoü del alme font.
La vit l'en des viandes pures,
Bones e saines e seures,
Que l'apostle, pur verite,
Apele „joie (e) charite,
Humilite e pacience,
Fei, chastee e continence."
Icestes viandes, pur veir,
Font home vivre e valeir,
Por cestes se deit l'em pener
De bien nager, de halt noer.
Nos sumes ausi en cest monde
Com en la haute mer parfonde
Que nos tormente e nos enconbre,
„Tant i a mals que nen est nonbre;"
Sagement l'estoverent noer,
Qui toz les voldreit sormonter,
Porter lui covient un ensegne:
Qui el non Jesu Crist se segne
E le prie devotement,

Cil nos bien a salvement.
Devotement devon noer
E noz mains vers le ciel lever
E dire a Deu od simple chiere:
Sire, ton volt e ta lumiere
Est segnee par desuz nos
E ton saint signe glorios.
Quant nos levon en halt noz mains,
Signe de croiz i ad au mains,
E si nos de bon coer oron,
Tot dreit vers dampnedeu noon
Parmi cest monde perillos,
Ou li plusor sont fameillos
Des viandes esperitels,
Nil ne voelent faire itels,
Ne mettre paine, ne entente,
Qu'il sache par la tormente
De cest malves monde noer;
Por co les covient afondrer.
Por Deu, Seignors, car apernon,
En quele guise noer devon.
A Deu, qui est doz e humains,
Deuon lever e coer e mains,
Coe est le sigle que nos porton,
Par quei vers Dampnede noon.
Se la nef ne descrot sa veille,
Quant ele sigle al cors del esteille,
Ele ne porreit mie sigler;
Ne l'oisel ne porreit pas voler,
Se il ses eles n'estendeit;
Se la lune ne descovreit
Ses corz, orbe serreit tot dis;
Quant li filz I[s]rael jadis
Contre Amalech se conbateient,
A totes les ores venqueient
Que Moyses ses mains levot;
E sitost com il les bessot,
Li Jueu erent li peior.
Por co fait mult riche labor,
Qui cest monde poet trespasser,
Si qui l'en estoece afondrer
Es aversitez qui granz sont,
Qui traient home el val parfont.
Mult est malves qui ci n'aprent
A noer espiritelment
E des charnels viandes vit:
Od les morz meert senz contredit.
Si come dit en l'ewangire
Jhesu Crist, nostre verai sire:
„Laissiez les mors lur morz covrir,
Enterrer e ensevelir."
E Deus qui toz les bons governe
Seit nostre veille e nostre verne
Que nos par cest mond present
Peusson passer seurement
(E noer) que nos (ne) perisson,
Mes a dreit port venir poisson.
Hipp. p. 228 ff., Cah. II, 205 f.

4) Einhorn (Art. XVI).

(O)re vos dirrai del Unicorne
Beste que n'a fors une corne
Ens el milieu del front posee.
Iceste beste est si osee,
Si combatant e si hardie
Qu'as elefanz prent aacie.
La plus aigre beste est del mond
De totes iccles que i sont,
Bien se conbat od l'olifant,
Tant ad le pie dur e trenchant
E l'ongle del pie si agu
Que rien n'en poet estre ferru,
Qu'ele ne perst ou qu'ele ne fende.
N'a pas poeir que s'en defende
L'elefant, quant ele le refiert,
Kar desuz le ventre le fiert
Del pie trenchant com alemele
Si forment qui tot l'esboele.
    Ceste beste est de tele vigor
Qu'ele ne crient nul vensor.
Cil qui la voelent enlacier,
Si la vont primes espier,
Quant ele est en deduit alee,
Ou en montaigne ou en valee.
Quant il ont trove son convers
E tres bien avisez lur mers,
Si vont pur une damoisele
Que il sevent bien qui seit pucele.
Pois la font seeir e atendre
Au recet, pur la beste prendre.
Quant l'Unicorne est revenue
E a la pucelle veue,
Dreit a lui vient maintenant,
Si s'umelie en son devant,
E la damoisele la prent
Come cel qu'a li se rent.
Od la pucele juie tant
Qu'endormie est en son devant.
Atant saillent cil qui l'espient,
Iloeques la pernent e lient,
Pois la mainent devant le rei,
Trestot a force ov a desrei.
    (I)ceste merueillose beste,
Qui une corne a en la teste,
Senefie nostre Seignor
Jesu Crist, nostre Salveor.
C'est l'Unicorne esperitel,
Qui en la Virge prent ostel,
Qui tant est de grant dignite,
En ceste prist humanite,
Par onc al monde s'aparut

Son poeple mie ne le crut.
Des Jueus ainceis l'espierent
Tant qu'il le pristrent e lierent,
Devant Pilate l'amenerent
E iloec a mort le dampnerent.
Cele corne veraiement
Que la beste a tant solement,
Si senefie l'unite,
Si com Deus dist, pur verite,
En l'Ewangile aperte e clerc:
„Nus sumes un, joe e le pere.“
E li bon prestre Zacarie,
Ainz qui Deu nasqui de Marie,
Dist „qu'en la maison Davi
Son bon enfant, son bon ami,
Drescereit Dampne Deu son cor.“
E Deu mesmes dist encor
Par Davi, qui coe crie e corne:
„Si com le corn del Unicorne
Serra le mien corn eshaucie.“
Si com Deus l'ot covenancie,
Fu ceste parole acomplie,
E le dit e la profecie.
Qu[a]nt Jesu Crist fu corone
E en la veire croiz pene.
La grant egrece senefie,
Dont ceste beste est raemplie,
Coe que onc ne porent saveir
Les poestes del ciel, pur veir,
Throne, ne dominacion,
L'oevre del incarnacion.
Onques n'en sout veie, ne sente
Li diables qui grant entente
Mist a saveir, mult sotilla,
Onc ne sout coment co ala.
Molt fist Deus grant humilite,
Quant pur nos prist humanite,
Si come il meismes dit,
E en l'Evangire est escrit:
„De mei, co dist Deus, apernez,
Que entre vos ici veez,
Come jo sui soef e dolz,
Humble de coer, ne mie estolz.“
Sol par la volente del pere
Passa Deus par la Virge mere,
„E la parole fu char faite,“
E virginite ni ot fraite,
E habita od nos meismes,
Si que sa grant gloire veismes,
Come del verai engendre,
Plain de grace e de verite.
    Hipp. p. 235 ff., Cah. II, 223 ff.

5) Strauss (Art. XXVIII).

(D)El ostrice ne larrai joe mie
Que la nature ne vos die.
Co est une oisele merveillose
Qui par nature est obliose.
Assida l'apelent ybrieu
E camelon a non en grieu;
Itels pies ad come chameil.
De sa nature m'esmerveil;
Car plumes a e eles granz
E si n'est nule feis volanz.
En la seson qu'ele pont
Enz el sablon ses oes repont
E la les guerpist e oblie.
Mes sachez qu'ele ne pont mie
Fors entor jugn, el tens d'este,
Quant ele ad son terme esgarde,
Quant ele veü el ciel lever
Une esteille qui raie cler,
Quel esteille Virgille a non;
Donques pont en cele saison
E el sablon ses oes enfuet
Que plus nes cove ne ne muet;
A ses oes ne retorne mes,
Dreit al esteille muse ades
E ses oes oblie e guerpist.
Mes Deus qui tot le monde fist,
Li aide par tels devise
Que el sablon e en la lise
Par l'air que est dolz e serain,
E li tens au seir e au ma[t]in

Soef e de bone maniere,
Dedenz la moiste sabloniere
Gierment li oef e pocins font:
C'est un des miracles del mont.
(I)ceste oisele senefie
Le prodome de seinte vie
Qui lait les choses terrienes
Si se prent a celestienes.
De ceste qui ses oes oblie
Dist le profete Jeremie
"Que ele esteit de si grant sens
Qu'ele conoist el ciel son tens."
Quant li oisiaus gerpist ariere
S'engendreure en la poudriere
Por co que al ciel apartient:
Sire Deus, por quei ne sovient
A home qui Deu fist raisnable
E conoissant e entendable,
De guerpir les joies terrestres
Por aver les gloires celestres!
Ne poet nient a Deu venir
Qui ne vielt leissier e guerpir
Les fauses joies de cest mont,
Ja n'ataindra al ciel amont.
Nostre Sire meismes dist
E en l'Evangile est escrit:
"Qui plus de mei aime son pere
Son filz, sa soer ou sa mere,
N'est pas dignes de mei aveir."
Issi dist Deus, issi est veir.

Hipp. p. 272 ff., Cah. III, 260 f.

V.

Verhältnis des Bestiaire Divin zu dem Bestiaire Philipp's von Thaün.

A. Mit Rücksicht auf den Inhalt.

Drängt sich im allgemeinen schon bei zwei Werken über dasselbe Thema immer die Frage nach ihrem gegenseitigen Verhältnisse auf, so gewinnt diese Frage im vorliegenden Falle erhöhte Bedeutung wegen der Eigenheit des Stoffes, und weil beide Dichtungen zeitlich noch nicht 100 Jahre auseinanderliegen und in derselben Mundart in demselben Lande abgefasst wurden. Bei einer Vergleichung der Bestiarien Guillaume's und Philipp's dürften nach der oben gegebenen Charakterisierung des Physiologus grosse Ähnlichkeiten beider nicht mehr auffallen; eine solche Vergleichung ergiebt aber nicht bloss grosse Ähnlichkeiten, sondern das ganz überraschende Resultat, dass der Bestiaire und der Bestiaire Divin sowohl im Ausdrucke wie in der Zahl der Typen einander ausserordentlich nahe kommen. Philipp's Werk ist nur um zwei Typen, Onocentaurus und Unio, reicher als das Guillaume's, während es sonst, allerdings in anderer Reihenfolge, dieselben Typen wie dieses aufweist. Die Frage also: hat Guillaume Philipp gekannt und benutzt? ist eine wohlberechtigte, aber auch eine besonders schwierige.

Aus den in beiden Gedichten auf den Physiologus zurückgehenden Partieen wird uns zu ihrer Lösung nichts an die Hand gegeben. Die eine ist nicht etwa, wie man denken könnte, eine Umarbeitung der anderen, sondern die beiderseitige Übereinstimmung erklärt sich aus der Übereinstimmung der Quellen. Philipp's Bestiaire steht in engster Beziehung zu den oben genannten Redaktionen A und B[1]), der Guillaume's desgleichen zu der Redaktion Reg. 2 C. XII. Zwischen A B einerseits und Reg. 2 C. XII andererseits aber besteht ein Verhältnis naher Verwandtschaft, wie eine Vergleichung der Texte jedem lehren wird. Man muss deshalb zur Beantwortung der Frage nach dem gegenseitigen Verhältnisse unserer altfranzösischen Bestiarien auf diejenigen Stellen zurückgehen, welche aus anderen Quellen, als dem Physiologus, insbesondere aber aus Isidor's „Ethimologiae" entnommen sind.

Beiden Gedichten gemein sind folgende Abschnitte:
 1) Pelikan: Is. Et. XII, VII, 26 u. 32.
Ph. 115, 11—18.[2]) — G. Hipp. 514—524, Cah. II, 138, 8—18. Eine Verschiedenheit besteht hierbei darin, dass nach Philipp die zweite Art Pelikane auf Inseln lebt, nach Guillaume dagegen in der Wüste. Auch fehlt bei Guillaume der Passus: „Onocratolon graeci vocant rostro longo."
 2) Adler: Is. Et. XII, VII, 10.
Ph. 109, 24—110, 13; — G. Hipp. 667—690, Cah. II, 167, a 25—b 14.
 3) Ameise: Is. Et. XII, III, 9 u. 10.
Ph. 92, 1—18; — G. Hipp. 947—958, Cah. II, 194, b 30— 195, a 6;
Ph. 93, 7—11; — G. Cah. II, 195, b 8—19;

---

[1]) Vgl. Anglia VII, 438 ff.
[2]) Ich zähle die Verse auf jeder Seite neu (Ausg. Wright).

Ph. 92, 19—93, 6; — G. Hipp. 959—994, Cah. II, 195, a7—b 7. Für diese letzteren Abschnitte ist nicht Isidor die Quelle sondern was Guillaume anlangt, Reg. 2 C. XII, während Philipp's Vorlage einen gleichlautenden Passus gehabt haben muss.

4) Hyäne: Is. Et. XVI, XV, 25.

Ph. 95, 15—17; — G. Hipp. 1519—24, Cah. III, 205, b 8—13.

5) Hydrus: Is. Et. XII, VI, 19.

Ph. 86, 8—16; — G. Hipp. 1578—1597, Cah. III, 214, a 9—b 7.

6) Affe: Is. Et. XII, II, 31.

Ph. 107, 22—24; — G. Hipp. 1855—60, Cah. III, 232, a 11—16.

7) Salamander: Is. Et. XII, IV, 36.

Ph. 97, 27—31; — G. Hipp. 2642—51, Cah. III, 273, a 11—19.

Ausser in diesen Fällen der Übereinstimmung berühren sich beide Darstellungen noch in vier Punkten:

1) In der Darstellung einiger Eigenschaften des Löwen: Ph. 75, 1—11; — G. Hipp. 219—226, Cah. II, 115, a 6—b 6.

2) In der Beschreibung des Drachen beim Artikel vom Panther: Ph. 84, 1—6; — G. Hipp. 2061—2078, Cah. III, 246, a 9—b 13.

3) In der Beschreibung der Aspisarten beim Artikel von der Aspis: Ph. 103, 9—21; — G. Hipp. 2380—2401, Cah. II, 152, b 10—153, 4.

4) In der Beschreibung der Wurzel Mandragora beim Elephanten: Ph. 101, 17—102, 13; — G. Hipp. 3098—3133; Cah. IV, 62, a 17—b 26.

Züge, welche nur bei Philipp vorkommen, sind folgende:

1) Sämtliche Etymologieen, und zwar sind dieselben aus Isidor entlehnt. Sie sind enthalten in den Versen: 81, 22; 82, 19; 84, 8; 92, 3; 93, 17; 94, 5; 94, 25; 108, 23; 113, 10; 115, 16 f.

2) Im Artikel vom Löwen die der Verse: 75, 1—77, 10; 78, 10; 78, 12—80, 5; 80, 16—23.

3) Im Artikel vom Wildesel die der Verse: 107, 15—17.

4) Im Artikel vom Caradrius die der Verse: 112, 16—18 und 113, 10—15.

5) Beim Phoenix die der Verse: 113, 17—114, 2.

6) Beim Wiedehopf die der Verse: 120, 6—9 und 120, 16—21.

7) Beim Ibis die der Verse: 122, 17—21.

Züge, welche einzig Guillaume angehören, sind enthalten in folgenden Versen:

1) Huppe: Hipp. 805—7, Cah. II, 179, a 1—3.

2) Igel: Hipp. 1061—1070, Cah. II, 200, a 7—16.

3) Einhorn: Hipp. 1309—1826, Cah. II, 223, a 1—224, a 4.

4) Hydrus: Hipp. 1598—1611, Cah. III, 214, b 12—215, a 8.
5) Wildesel: Hipp. 1767—1786, Cah. III, 227, a 13—b 10.
6) Affe: Hipp. 1873—1882 [1]), Cah. III, 232, b 8—19.
7) Fulica: Hipp. 1895—1904, Cah. III, 210, a 4—22.
8) Wiesel: Hipp. 2252—2257, Cah. II, 150, a 9—b 5.
9) Hirsch: Hipp. 2546—2551, Cah. III, 269, a 1—6 und
Hipp. 2610—2619, Cah. III, 270, a 9—b 3.

Es ist oben gesagt worden, dass Guillaume aus den reinen
Physiologusartikeln Philipp's nichts für seinen Bestiaire entnehmen
konnte, da dieselben wegen der nahen Verwandtschaft der Quellen
durchgehends grosse Übereinstimmung zeigen. Wohl aber hätte
Guillaume seine Dichtung vervollständigen können durch Aufnahme
des letzten Artikels Philipp's, welcher vom Unio handelt. Dass er
es nicht gethan hat, sehe ich als Beweis dafür an, dass er Philipp's
Werk weder gekannt, noch benutzt hat. Diese Behauptung wird
weiter erhärtet, wenn wir die Hinzufügungen Philipp's zum Physiologus betrachten, welche neben dem Unio-Artikel das einzige Material
bilden, das Guillaume sich hätte zu Nutze machen können. Wie aus
der eben gegebenen Darstellung hervorgeht, haben beide Dichter nur
verhältnismässig wenig Züge gemeinsam, in anderen verrät Guillaume
eine völlig selbständige Bearbeitung des Stoffes, und sehr viele sind
entweder nur dem einen oder nur dem anderen eigen. Hieraus kann
nur gefolgert werden, dass Guillaume auch in diesen Hinzufügungen
unabhängig von seinem Vorgänger geblieben ist. Von einer Benutzung des Bestiaire Philipp's von Seiten Guillaume's kann demnach
keine Rede sein. [2])

B. Mit Rücksicht auf Form und Ausdruck.

1) Versmaass.

Es ist bekannt, dass Philipp seinen Bestiaire zum bei weitem
grössten Teile in sechssilbigen Reimpaaren abgefasst hat und erst
gegen das Ende hin, in den beiden letzten Artikeln, zu den achtsilbigen Reimpaaren greift. Guillaume schrieb den seinigen durchgehends in dem Versmaasse, zu dem sein Vorgänger leider erst in
letzter Stunde übergeht mit der Motivierung:

„Or voil mun metre muer,
Pur ma raisun melz ordener."

Philipp erkannte also schliesslich selbst, wie unbequem und
hemmend für die Diktion sein Sechssilbler war, und in der That hat
derselbe auf den Stil der Dichtung den nachteiligsten Einfluss aus-

---

[1]) Hippeau's Handschrift hier unvollständig.
[2]) Selbst eine ins einzelne gehende Untersuchung bringt nur neue Be-
weise für diese Behauptung. So sagt, um nur zwei Beispiele anzuführen,
Guillaume beim Ibis und bei der Hyäne ausdrücklich, dass er deren Namen
auf Französisch nicht kenne, während Philipp hingegen sie übersetzt.

geübt. Zwar rühmt ihm Aubertin nach, dass er „net et d'un tour vif" sei, aber wer sich wirklich einmal in den Bestiaire vertieft hat und unparteiisch urteilen will, muss gerade das Gegenteil zugeben, nämlich dass der Stil ziemlich schwerfällig, ja unbeholfen ist, weil infolge der Kürze des Versmaasses und infolge des Reimes sich ein Ringen mit dem Ausdruck innerhalb der enggezogenen Grenzen und ein Haschen nach Reimwörtern bemerkbar macht, und weil die logische Verbindung von Satzgliedern und ganzen Sätzen häufig ausser acht gelassen ist. Beispiele hierfür trifft man Schritt für Schritt an. Nicht der Stil also ist es, der Philipp's Gedicht Bedeutung verschafft, sondern die Altertümlichkeit der Sprache und die Art des Stoffes.

Steht nun, was den Charakter der Sprache anlangt, Guillaume's Werk dem Philipp's bedeutend nach, so ist es ihm in stilistischer Beziehung gewaltig überlegen, weil es zu einer Zeit geschrieben wurde, wo die Sprache der altfranzösischen Dichtung schon entwickelt war, und in einem Versmaasse, welches dem Ausdrucke freien Spielraum gewährte.

2) Flickwörter, stehende Redensarten, Wiederholungen.

Allerdings hat sich auch Guillaume von einem grossen Fehler nicht freizuhalten gewusst, der Philipp's Dichtung wesentlich beeinträchtigt. Wie Philipp gebraucht auch er, wenn auch nicht in derselben ausgiebigen Weise, eine grosse Zahl von Flickwörtern und stereotypen Ausdrücken und Wendungen. Alles dies geschieht bloss um den Reim zu ermöglichen und sich möglichst getreu an die Vorlage halten zu können. Es kommen bei Guillaume folgende Flickwörter beständig vor:

Ce est la somme; issi creez; ce est esprove et seu; par fei; sanz dotance; sanz error; qui est verite; c'est verite; ice sachiez; tot sanz contredit; ce me semble; si come je vos di; por veir; por verite; ce m'est avis; ce cuit; ce est a dire; je vos plevis; bien est reson; quer c'est dreiture; ce n'est mie dotance; sanz mesprendre; par aventure; certes; jeol vos afi; ceo est dreiz; dont vos parlon; dire vos os; dont jeo vos cont; a mon avis; a ma devise; ceo est la fin; jeo m'esmervoil; se deu plait; u. a. m.

Charakteristisch genug finden sich bei Philipp bei weitem nicht so viele verschiedene Flickwörter, dafür wendet er aber die seinigen, nicht zum Nutzen der Dichtung, um so häufiger an. Es finden sich bei ihm:

„Par nature; par figure; veirement; ensement; cointement; par grant raisun; en verte; senz dutance; u. a. m.

Daneben aber treten nun eine beträchtliche Zahl stehender Wendungen auf:

„Ceo est allegorie;"

„Grant essample i ad;"

„Seiez i atendant;"

„Si cum dit escripture;" „Ceo dit auctorite;"
„Suluac humanite,
Nent sulum deite."
„Pur nus vint Des en terre,
Pur noz ames cunquerre."
„Ceo est signifiance,
Aiez en remembrance."
„Or fine la raisun,
Altre cumencerum."
„Ne voil ore plus traiter,
De altre voil parler."
„E ceo signefie
Beste de tel baillie."
„Devencud ad Diable
Par vertud cuvenable."
„E iceste nature
Mustre ceste figure."
„Grant chose signefie." u. a. m.

Desgleichen gehören hierher eine Anzahl stetig auftretender Reime (Assonanzen), die je nach Bedürfnis mit anderen Worten verbunden werden. An erster Stelle ist da zu nennen wegen des häufigen Vorkommens:

estre ·/· beste;
ferner: nature ·/· escripture,
De ·/· humanite,
signefie ·/· le fiz Sancte Marie,
Phisiologus ·/· plus,
Bestiaire ·/· gramaire.

In allen diesen Punkten legt sich Guillaume eine weise Mässigung auf. Stereotype Wendungen, wie:

„De ce seiez trestuit certein,"
„C'est a dire et a entendre"

und andere mehr sind verhältnismässig ebenso selten wie die häufige Wiederkehr desselben Wortes als Träger des Reimes. Wo dieses letztere geschieht (z. B. senefie), pflegt immer eine Abwechselung im Wortlaute der Verse einzutreten. —

3) Redefiguren.

In der Wahl der Redefiguren zur dichterischen Gestaltung des Textes haben sich unsere Dichter auf nur wenige, und nicht gerade die bedeutendsten beschränkt. Von Tropen dürfte sich bei Philipp kaum ein Beispiel anführen lassen. Allerdings muss noch hinzugefügt werden, dass die zwei letzten Artikel, welche, wie schon gesagt, in achtsilbigen Reimpaaren abgefasst sind, sich im Ausdrucke vorteilhaft abheben von sämtlichen anderen, die ja unter dem verderblichen Einflusse des Sechssilblers stehen.

Gemein ist unseren Dichtern die A p o s t r o p h e, welche sie zur
Belebung des Ausdrucks häufig anwenden.   So Guillaume:

> „Seignors, quant ceste criature,
> Qui sanz reson est par nature,
> Ovre tel sen(s) com dit vos ai" etc.
>> Hipp. 833 ff., Cah. II, 179, b 11 ff.

oder:

> „Seignors, pernon garde al formi,
> Que se travaille e porveit issi."
>> Hipp. 913, f. Cah. II, 194, a 33 f.

oder:

> „E tu, hoem, qui en Deu creiz."
>> Hipp. 923, Cah. II, 194, b 10.

Desgleichen Philipp:

> „Os tu, hom de De,
> Ceo est auctorite." (90, 5.)

oder:

> „Or oez par maistrie
> Que iceo signefie." (86, 23.)

oder:

> „Seignurs, ben nus guardum
> Encontre cest dragun." (118, 28.)

Ferner bedienen sich beide Dichter der A n a p h e r, von der Guillaume ausgedehnten Gebrauch macht, während sich bei Philipp die
Beispiele wohl nur in der in Achtsilblern geschriebenen Partie finden.

Aus Guillaume's Einleitung zum Bestiaire seien folgende Beispiele
angeführt:

> *„De dire come Adam pecha*
> *E coment il fu eissilliez*
> *E del seint parays chaciez,*
> *E coment sa lignee crut,*
> *E qui nasqui e qui crut,*
> *E coment de ses eirs avint"* etc.
>> Hipp. 40 ff., Cah. II, 112, a 27—32.

oder:

> *„A home dona tele franchise*
> *Qu'il sot cono(i)stre la divise*
> *Qui esteit entre bien e mal,*
> *Entre tricheor e leal,*
> *Entre parays e enfer"* etc.
>> Hipp. 27 ff., Cah. II, 112, a 14—18.

Bei Philipp sind die Beispiele viel spärlicher und fast ausnahms-
los auf die zwei letzten Artikel beschränkt; folgende mögen als
Vertreter dienen:

> Par grace fud que li fiz De
> Fud a la virgine presente;

        Par grace en cuillit le salud,
        E par grace fud conceud;
        Cum la pere overe senz faiture
        E ele se joinst senz crevure,
        Cum la pere fait la rusee,
        Si fud la Virgine consecree." (128, 18 ff.)

oder:

        „D'iceste pere unt luur
        Tutes les peres e colur;
        De ceste pere unt bunte
        Tutes les peres e clarte;
        D'icest pere veirement
        Unt tutes peres fundement." (129, 25 ff.)

oder:

        „Union est pere e fiz,
        Union est Saint Espiriz,
        Union est cumencement,
        Union est definement,
        Union est alpha et ω,
        Benedicamus Domino." (130, 15 ff.)

Beiden Dichtern ist schliesslich, und es sei mir gestattet, dies hier noch anzufügen, gemein, dass sie sich des öfteren wörtlich wiederholen. Ganz abgesehen von den schon betrachteten stehenden Redewendungen messe ich dieser Erscheinung deshalb keine Bedeutung bei, weil solche Wiederholungen schon in den lateinischen Vorlagen nicht selten wiederkehren. Wenn verschiedene Tiere als Typen für ein und dasselbe ausgelegt werden, so ist erklärlich, dass Anklänge oder Übereinstimmungen in verschiedenen Artikeln sich finden können, und so werden zum Beispiele einige Bibelverse sowohl in den lateinischen Quellen wie in ihren altfranzösischen Nachdichtungen wiederholt gebraucht. Im Folgenden führe ich einige Fälle an, wo die Wiederholung nicht in der Quelle begründet ist.

Guillaume:

„*Mes tot ades (a sei) les tire*
De vaine glorie e del delit
De ceste monde, qui les occist."
Hipp. 300 ff.; Cah. II, 120, a 5 ff.

„*Por l'odor qui boene lor semble*".
Hipp. 1976; Cah. III, 243, b 2.

„*Se torna donques vers nos genz*
Qui estion las e dolenz."
Hipp. 493 f.; Cah. II, 133, b 3 f.

„*Par la glorie, par le delit*
De ceste monde qui nos ocit."
Hipp. 1020 f.; Cah. II, 176, a 17 f.

„*Por l'odor qui boene lor semble.*"
Hipp. 2141; Cah. III, 255, b 24.

„*Donc se monstra Dex a nos genz*
Qui estion las e dolenz."
Hipp. 619; Cah. II, 171, b 8 f.

Philipp:

        „Ceo est que nuit e jur
        Est d'vele longur." (106, 24.)
        ·/·

„Que la nuit e le jur
Unt vele longur." (106, 28.)

Ferner:

„L'eve est sens en De,
Pere stabilite." (123, 12.)
./.
„E ceo que ert sur[1]) pere areste,
Nus mustre estabilite." (125, 27.)
./.
„Pere est ferme, par sei stable,
Tuz jurs est[2]) chose parmeinable." (130, 23.)

4) Stilistische Eigenheiten des Bestiaire Divin.

Ich gehe nun zu denjenigen Zügen über, welche Eigentümlichkeiten des Bestiaire Divin ausmachen und ihn charakteristisch unterscheiden von Philipp's gleichartiger Dichtung. Entgegen seinem Vorgänger liebt Guillaume den rhetorischen Ausruf, so z. B.:

Ha, por Deu, home, garde tei
Qu'en Deu aies creance e fei!
Hipp. 317 f.; Cah. II, 120, b 3 f.

Oder:

„Ha! las! tant fu ne en male hore
Qui pere e mere desennore"!
Hipp. 839 f.; Cah. II, 179, b 17 f.

Ferner macht Guillaume häufig vom Parallelismus Gebrauch, der manchmal in Verbindung mit der Anapher auftritt:

„Li un fu vaineu, l'autre non;
L'un fu vaincu, l'autre veinqui."
Hipp. 384 f.; Cah. II, 127, b 25 f.

„E habite en la region
Del fleuve qui Nilus ad non,
El rivage del Nil habite."
Hipp. 515 ff.; Cah. II, 138, 9 ff.

Durchgehends zeigt sich auch bei Guillaume unter Anwendung von Tropen eine Häufung von Ausdrücken, um den Begriff anschaulicher zu gestalten, und dieses Häufen geht sogar so weit, dass er kaum einen nur durch ein einziges Wort auszudrücken pflegt. Weicht er hierin von der knappen Darstellung Philipp's und seiner Vorlage ab, so geschieht dies noch weiter dadurch, dass er sich an seine Vorlage nicht absolut gebunden fühlt und manchmal Naheliegendes mit aufnimmt. So fügt er in der Beschreibung des Bibers aus eigenen Stücken hinzu:

[1]) Die Hs. hat „sun".
[2]) Wright: Tuz jur sest.

„*Un peu, ce cuit, greignor d'un lievre*“,
und beim Rebhuhn kann er sich nicht enthalten, auszurufen:
„*Que nos si volentiers menjon.*“

Häufig auch regt ihn die Hermeneia zu einem **Vergleich** an,
so die Gattentreue der Turteltaube zur Betrachtung der Untreue der
Eheleute und der Kirche in England, Vergleiche, die oben schon
zitiert wurden. Als weiteres Beispiel sei angeführt ein Vergleich aus
dem Artikel vom Löwen:

> „*Ci l' vos mostrai par semblance*
> *Que n'en dev[ez] aver dotance.*
> *Tranchez un arbre halt e grant,*
> *Quant li soleil serra raiant:*
> *En l'osche del premier coispel*
> *Verrez le rai del soleil bel;*
> *E quant plus creissiez l'osche avant*
> *E li soleilz par tot s'espant,*
> *Vos ne poez le rai ferir,*
> *Blescier, ne prendre, ne tenir,*
> *Trestot l'arbre poez trenchier,*
> *Sanz le soleil point enpeirier:*
> *Altresi fu de Jesu Crist*
> *L'umanite que por nos prist*“ etc.
>
> Hipp. 187 ff.; Cah. II, 114, b 9 ff.

Mit der wortreichen Fülle Guillaume's hängt es ferner zusammen,
dass er, entgegen Philipp und seiner Vorlage, es liebt, auch einzelne
Artikel länger als mit einigen Worten einzuleiten. Dies geschieht in
den Artikeln von den Feuersteinen, der Hyäne, dem Igel, dem Stein-
bock und der Taube. So heisst es bei der Hyäne im Eingange:

> [*M*]*olt ad a dire e a retraire*
> *Es essamples del Bestiaire*
> *Qui sont des bestes e des oisiaus.*
> *Profitables e bons e biaus*
> *Est li livres, car il ensegne*
> *En quele [guise] li mals remaine*
> *E la veie qu[e] deit tenir*
> *Cil qui a Deu velt revenir.*
>
> Hipp. 1493—1500, Cah. III, 205, a 1—8.

Endlich besteht eine strenge Scheidung zwischen Philipp und
Guillaume in ihrem **Verhalten zu ihren Quellenschriften.** Ich
habe zuerst nachgewiesen, wie für Philipp die Vorlage aus zwei Teilen
besteht, einem Kern, den Berichten des „Danz Phisiologus“ und einer
Rahmenerzählung, den Erzählungen aus dem Bestiarius. Aus diesem
Grunde zitiert er in einem Artikel oft unmittelbar nacheinander
Bestiaire und Physiologus zugleich. Ferner aber nennt er, um sich
den Schein eines ausgebreiteten Wissens beizulegen, besonders im

Computus eine Menge Autoren als Quellen, die er gar nicht gekannt hat, sondern nur auf Grund der von ihm benutzten Werke erwähnt. Auch im Bestiaire versäumt er es nicht, seine Vorlage und die darin enthaltenen Hinweise so häufig als möglich anzuführen, und so kann man ihn von einem tendenziösen Zurschautragen von Quellenzitaten nicht freisprechen, die das dahinterliegende Halbwissen schlecht genug verdecken. Besonders legt hiervon der Computus Zeugnis ab, wenn wir z. B. lesen:

> „E Venus une femme,
> Ki esteit de lur regne,
> De enfern ert reine dame,
> La ert sa poeste." (28, 1 f.)

Oder:

> „Aprof ces out la terre
> Uns reis qui fud de guere,
> Gaius Julius Cesar qui en fud
> Dux et tint Rome de sur tuz;
> Hume fud de grant parage,
> Et de mult grant vasalage,
> Sages fud a desmesure,
> En barne out sa cure. (47, 13—16.)

Zeigt sich hingegen nun Guillaume in seinen sämtlichen Werken als ein Mann von einer für seine Zeit ungewöhnlichen Bildung, so werden wir auch erwarten können, dass er das Philipp eigentümliche Gepränge mit Quellenschriften nicht kennt. In der That sind die Hinweise dieser Art, wie wir oben gesehen haben, im Bestiaire gar nicht zahlreich. Ausser den Bibelzitaten seiner Vorlage führt Guillaume nur noch diese selbst an, und zwar entweder als „Bestiaire" oder in allgemeineren Ausdrücken als „li livre", „l'estoire escrite" und dergleichen. Insbesondere aber kommt der Name Physiologus nirgends vor, und fast will es mir scheinen, als habe Guillaume ihn nur deshalb nicht angewendet, weil er nicht wusste, wie er ihn auslegen sollte.

VI.

Ergebnis.

Wir sind am Schlusse unserer Abhandlung angelangt und fassen das Resultat derselben in folgende Punkte zusammen:

1) Guillaume le Clerc hat für seinen Bestiaire Divin als einzige Quelle einen lateinischen Physiologus benutzt, dessen Wesen und Wort-

laut uns erhalten ist durch die Redaktion der Handschrift Reg. 2
C. XII des British Museum zu London.

Insbesondere auch hat Guillaume auf Grund dieser Redaktion
diejenigen Partieen verfasst, welche sich auf Isidor's von Sevilla
„Etymologiae" zurückführen lassen. Er kannte weder diesen Autor,
noch sein Werk.

2) Zu Philipp's von Thaün Bestiaire steht Guillaume in keinem
Verhältnisse; ein Einfluss desselben kann nirgends konstatiert werden.
Vielmehr erklärt sich die grosse Ähnlichkeit beider Werke sowohl
in der Zahl der Typen, wie im Wortlaute aus der Ähnlichkeit ihrer
Vorlagen.

3) Steht Guillaume's Werk an Originalität der Sprache bei
weitem dem Philipp's nach, so ist es ihm im Stil hingegen um so
überlegener. Es zeigt durchgehends eine grössere Entwicklung und
einen sprach- und reimgewandteren Dichter, der seinen Vorgänger auch
an Bildung überragt.

4) Der Bestiaire Divin ist ein Werk von bleibendem Werte für
die Litteraturgeschichte. Freilich atmet er weder den zauberischen
Duft der Minnepoesie, noch nimmt er den heroischen Flug der
Heldengesänge, aber das ehrwürdige Alter seines Stoffes, der Charakter
seiner Sprache und der naive Ausdruck seiner Tendenz, den Menschen
zur Betrachtung des Göttlichen anzuhalten, werden ihm eine achtung-
gebietende Stellung in der Litteraturgeschichte sichern für alle Zeit[1]).

VII.

Anhang.

A. Noch etwas vom Caladrius.

Caladrius vitam spondet si respicit egrum,
E contra mortem, si negat huic faciem.[2])

Wir haben gesehen, wie der Physiologus ein Jahrtausend und
länger eine wichtige Rolle im Geistesleben des Mittelalters gespielt
hat, und nur dem Umstande, dass ganz andere, tiefere Probleme
unsere Zeit bewegen, ist es wohl zuzuschreiben, dass er bei den

---

[1]) Ein Urteil, dem ich nicht beizustimmen vermag. — G. Körting.
[2]) Hs. Oxford, C. C. C. 82, letzte Seite (P. Meyer).

Litteraturfreunden verhältnismässig wenig bekannt und dabei manchmal verkannt ist, und dass weitere Kreise schwerlich etwas von ihm wissen. Und doch reicht sein Einfluss weiter, als der Fernerstehende annehmen mag. Ich verweise nochmals auf den Ausdruck Krokodilsthränen, der noch heute im Munde des Volkes gang und gäbe ist, und um ein zweites treffendes Beispiel anzuführen, auf die Löwen aus Erz oder Stein, welche man als Thorwächter aufstellt, weil der Löwe nach den Berichten des Physiologus beim Schlafen die Augen offen hält, also alles sehen muss. Seine Einwirkung auf die Malerei und Skulptur im Dienste der Kirche hat Cahier in trefflichen Arbeiten nachgewiesen. Noch heute werden unsere Kirchen gotischen Stils mit symbolischen Tierfiguren geschmückt, welche ihren Ursprung im Physiologus haben und nur dann berechtigt sind, wenn die Phantasie des Künstlers in jener Schrift ihre Anregung gefunden hat. Ich kann hinzufügen, dass auch die Geschichte der Karrikatur ihrer nicht wird entbehren können, da beispielsweise mancherlei Darstellungen von Mönchen in Tiergestalt nur durch sie verständlich werden.

Von den Erzählungen des Physiologus dürfte die vom Phönix die am meisten verbreitete sein. Dichter aus den verschiedensten Zeiten haben sie neu gestaltet oder wenigstens das Bild des aus seiner Asche wiedererstehenden Vogels zur Ausschmückung verwendet, und noch heute lebt der Grundgedanke fort im Namen gewisser Versicherungsgesellschaften.

In ein anmutigeres Gewand hüllt sich die Sage vom Caladrius. Was von diesem Vogel vor Jahrhunderten die kindliche Einfalt fabelte, legt der Bewohner des Erzgebirges unserer Zeit in frommem Aberglauben dem Grünitz oder Kreuzschnabel bei. Es ist das derselbe Vogel, welcher der Legende nach aus Mitleid dem gekreuzigten Heiland die Nägel aus Händen und Füssen gezogen hat. Er behielt zwar davon den kreuzweise gebogenen Schnabel, erlangte aber dafür die Unverwesbarkeit seines Körpers und durch das herabfallende Blut ein prächtig rosenrotes Gefieder. Den auch in seinem Thun und Treiben höchst merkwürdigen und dabei anziehenden Vogel hegt nun der Erzgebirger als wahren Hausschatz in der Hütte, weil er genau wie der Caladrius allen Krankheitsstoff auf sich nehmen soll. Freilich führt er dafür, wenn das Haus wirklich von Krankheit heimgesucht wird, im engen Bauer ein freudloses Dasein unter dem Bett des Kranken.

In solcher und ähnlicher Form ist die Sage vom Caladrius im Mittelalter eben durch den Physiologus weit verbreitet gewesen und oft erzählt worden. So heisst es z. B. in einer Prosabearbeitung des Alexanderromans, welche sich in der bekannten Handschrift Reg. 15. E. VI des British Museum findet, allda auf Fol. 21ᵇ, 2. Reihe folgendermassen:

Comme alixandre trouua oyseaulx de grandeur de coulons qui sappelent salandes.

De la sen ala au palais qui fu au Roy excces, si trouua alixandre en cellui palais mult de merueilleuses choses. entre les autres
choses trouua oyseaulx de grandeur de coulons qui sappellent salandes
qui prophetisoient de lomme mallade sil deuoit viure ou mourir.
Car sil auenoit quil regardast le mallade ou visaige il deuoit viure.
Et si se tournoit dautre part il deuoit mourir. Ces oyseaulx ce dient
aucuns phillosophes ont receu ceste vertu de nostre seigneur
que au regarder quilz font recoipuent en eulx lenfermette du mallade.
Et le portent en hault au feu qui est en lair au quart ellement qui
toutes malladies consomme.

B. Der Bestiaire des Gervais.

Um das Jahr 1200, also noch bei Lebzeiten unseres Dichters
Guillaume le Clerc, hat ein gewisser Gervais einen Bestiaire verfasst.
Paul Meyer, der denselben in der bisher einzigen Handschrift Add.
28 260 aufgefunden und darnach veröffentlicht hat (Romania 1872,
S. 420 ff.), hält diesen Gervais, den die Litteraturgeschichte noch
nicht kannte, für identisch mit einem Gervasius presbiter de Font[eneio],
welcher in einer vor 1204 geschriebenen Urkunde als Zeuge auftritt.
P. Meyer's Gründe sind überzeugend. Gervais gehörte demnach zur
heutigen Abtei Fontenai le Marmion und war ein engerer Landsmann
Philipp's und Guillaume's, ein Normanne. Es verlohnt sich deshalb
wohl, einen Augenblick bei seinem Gedichte zu verweilen.
Dasselbe zählt, wenn man die beiden geschmacklosen Schlussverse:
Ci fenist li livres des bestes;
Dex nos gart nos biens et nos testes!
für unecht erklärt, 1278 Verse, und zwar Achtsilbler, welche an sich
hinsichtlich der Form nichts Bemerkenswertes bieten.
Seinen Stoff fand der Dichter, ein „rimeur pieux et médiocre,
comme il y en eut beaucoup", in einem Bestiarius der Abtei „Bar-
barie", welche P. Meyer für die im Jahre 1176 gegründete Cisterzienser-
abtei Barberie der Diözese Bayeux hält. Jenen Bestiarius nun übertrug er in französische Verse, und zwar war es einer, welcher, wie
so viele, unter dem Namen des Johannes Chrysostomus ging, denn es
heisst V. 37 ff.:
„Celui qui les bestes descrist
Et qui lor natures escrit
Fu Johanz Boche d'or nonmez,
Crisothomus rest apelez."
Die Reihenfolge der Typen deckt sich nun zwar mit keiner der
mir bekannten Redaktionen, indess würde es kaum der Mühe wert sein,
seiner Vorlage nachzuspüren, da dieselbe gar nichts Eigentümliches
hat. Sie steht streng auf dem Boden des Physiologus im engeren

Sinne, denn es findet sich in der That bei Gervais nicht ein einziger Zug, welcher nicht in den bekannten lateinischen Rezensionen berichtet würde. An Originalität kann sich also sein Werk nicht mit den anderen messen. Hingegen fallen einem bei genauerem Vergleiche einige Eigenheiten des Dichters auf. Auf seine Quelle verweist er im ganzen nur zweimal, im Eingange und im Schlusse. Sonst findet sich nirgends eine Anspielung. Wie Guillaume vermeidet auch er peinlichst das Wort „Physiologus", welches seine Vorlage unter allen Umständen enthalten hat. Ausser den Büchern der heiligen Schrift werden andere Werke nicht zitiert, so dass man auch daran erkennt, dass der Dichter seiner Vorlage auf Schritt und Tritt folgt. Eine ganze Anzahl der Bibelzitate flicht er merkwürdigerweise in lateinischer Sprache seinen Versen ein, ohne auch nur deren Sinn vorher wenigstens angedeutet zu haben; z. B.:

Ce sont cil de quoi David dit:
„Vix duplex animo inconstans est in omnibus." V. 360 f.

In den anderen Fällen verwendet er auf dieselben viel Fleiss, wie er sich denn überhaupt als ein bibelkundiger Mann zeigt; denn man muss in Betracht ziehen, dass die Bibelverse im Physiologus zumeist nach dem Gedächtnisse angeführt werden und oft schwer erkennbar sind, da das Gedächtnis sie mangelhaft wiedergab.

Das Gedicht zählt nach P. Meyer's Auffassung 29 Artikel. Ich würde jedoch lieber nach Art der lateinischen Redaktionen die Artikel Sirène und Centaure, sowie Belette und Aspic zusammenfassen, so dass sich 27 ergeben würden, die ich unten zusammenstelle.

Die Schlussverse des Dichters lauten:

„Ici fenist li Bestiaires.
Plus n'en avoit en l'essenplare
Et de mentir seroit folie.
Qui plus en set plus vos en die!
Gervaises qui le romain fit
Plus ne trova ne plus n'en dit."

Sein Gedicht liegt also abgeschlossen vor, und da wir es nur in einer einzigen Hs. kennen, ist uns diese ausdrückliche Versicherung nicht unwillkommen.

Philipp und Guillaume hatten guten Grund, ihre Dichtungen hochgestellten Persönlichkeiten zu widmen. Bei Gervais aber finden wir nicht nur keine Widmung, sondern sogar eine heftige Klage, dass er wenig geehrt werde:

„Cil fablor qui toz jors mantent
Et qui de riens ne se desmantent
Ne mais de mançonges aprandre
Ou il puissent matiere prandre,
Cil sunt ores bien apelé
Et en autes cors honoré;
Et chascun covient que l'on doigne

Loier por dire sa mançongne:
Il n'an diront point autrement.
Volontierz est o'lz qui ment.
Qui voudroit dire verité
Et parler de desvinité
Loier li convenroit doner
Es genz por soi faire escouter. V. 1—14.
Wer denkt bei solcher Klage nicht an die Erfolge eines Chrestien?

C. Der Bestiaire des Pierre.

Es trifft sich merkwürdig, dass ein anderer Zeitgenosse Guillaume's, ein gewisser Pierre, auch einen Physiologus geschrieben hat und zwar in Prosa. Über die Person des Verfassers und die Art des Werkes giebt uns der Eingang Aufschluss (Vgl. Cahier II, 106): Chi commence li livres c'on apèle Bestiaire. Et por ce est il apelés ensi, qu'il parole des natures des bestes; car totes les créatures que Dex cria en terre, cria il por home, et por prendre essanple et de foi en eles et de créance. En cest livre translater de latin en romans mist grant travail et grant cure Pieres qui volontiers le fist par le commandement l'evesque Philipon Cuers qui service ne perist mie, car il est espece débonaires, eslaituaires de franchises et confors de guerredon. Et porce que rime se velt afaitier de mos concueillis hors de vérité, volt li evesques que cist livres fust fait sans rime tot selonc le latin que Fisiologes uns des bons clers d'Athènes traita. Et en tous sens les natures des bestes et des oiseaus à l'entendement des spiriteus coses. Diese Einleitung ist in mehr denn einer Hinsicht bemerkenswert. Wir erfahren zunächst, dass der Übersetzer sich Pierre nennt und sein Werk auf Anregung eines Gönners schrieb, eines Bischofs Philipp, welchen Cahier (II, 106, Anm. 4) und Paulin Paris (Mss. François de la bibl. du Roy VI, 393) mit guten Gründen für den Bischof Philippe de Dreux halten. Damit ist denn ein Anhalt gewonnen für die Entstehungszeit des Werkes, weil dieser Philipp von 1175—1217 auf dem Stuhl von Beauvais sass. Da weiteres nicht bekannt ist, mag man rund 1200 als Abfassungszeit annehmen. Cahier giebt dem Pierre seiner Sprache wegen noch den Beinamen le Picard, der ganz passend gewählt erscheint. Ausserdem verdienen aber in jenen einleitenden Worten noch 3 Punkte hervorgehoben zu werden: in naiver Auffassung giebt uns Pierre darüber Auskunft, zu welchem Zwecke die Tiere von Gott geschaffen seien, ferner, warum er statt in Versen zu schreiben, die Prosa gewählt habe, und endlich, dass der Verfasser seiner Vorlage „Physiologes" sei, „einer der guten Geistlichen aus Athen". Auch bei ihm wandelt sich somit der alte Buchtitel in einen Autornamen um; neu und merkwürdig ist nur die Auffassung von Stand und Heimat des Verfassers, aber dieselbe mit Ahrens als Beweis dafür ansehen zu wollen, dass der Physiologus auf Aristoteles zurückzuführen sei, erscheint mir ausserordentlich gewagt[1]).

Die Einleitung ist das Interessanteste an Pierre's Schrift. Dieselbe stellt sich dar als ein Bestiarius im weiteren Sinne, dem allerdings eine Physiologusredaktion von der Vollständigkeit unserer Reg. 2 C. XII zu Grunde liegt. Dieser deutlich sich abhebende Kern ist umgeben von einer Reihe anderer Artikel, in denen Physiologus oft als Gewährsmann zitiert wird, ohne in Wirklichkeit als Quelle gedient zu haben. Darunter erscheint sogar Argos li vacher und Amon li prophetes. Das Ganze ist eine ziemlich wertlose Kompilation und ähnelt in manchem dem Physiologus des Leonardo da Vinci, nur wird dieser niemals ins Dunkel der Vergessenheit fallen können, weil der Glanz des Namens Leonardo auch ihn umstrahlt.

Pierre's Werk ist nach 3 Pariser Hss. (vgl. Cah. II, 91) von Cahier veröffentlicht worden. Es ist auch noch erhalten in der Hs. 437 der École de Médecine de Montpellier. —

Zum Schlusse gebe ich eine Zusammenstellung der altfranzösischen Bearbeitungen des Physiologus.

Die altfranzösischen Bearbeitungen des Physiologus.

Philipe de Thaün.			Guillaume le Clerc.	Gervais.	Pierre le Picard.
1)		Leun.	Lion.	Lion.	Lion.
2)		Monosceros.	Aptalops.	Panthère.	Antula.
3)		Pantere.	Mont ardant.	Unicorne.	Serra.
4)		Porcon.	Serra.	Hydre.	Deux pierres.
5)		Idrus.	Kalaundre.	Sirène.	Caladre.
6)		Cerf.	Pellican.	Centaure.	Vuivre.
7)		Aptalon.	Nicticorace.	Hyène.	Pélican.
8)		Furmie.	Aigle.	Singe.	Tigre.
9)		Honocentaurus.	Phenix.	Élephant.	Grue.
10)		Castor.	Hupe.	Antula.	Woutre.
11)		Hyaena.	Formi.	Serpents.	Aronde.
12)		Mustelete.	Seraine.	Corbeau.	Vautour.
13)		Asida.	Hericon.	Goupil.	Aspic.
14)		Grylio.	Ybex.	Castor.	Crisnon.
15)		Serene.	Renard.	Hérisson.	Corbeau.
16)		Elefant.	Unicorne.	Fourmi.	Harpie.
17)		Aspis.	Bievre.	Aigle.	Rossignol.

(Bestiae. — Typen für Christus. — Typen für die Menschen.)

---

[1]) Es ist durchaus unstatthaft. — G. Körting.

	Philipe de Thaûn.	(Guillaume le Clerc – Typen)	Guillaume le Clerc.	Gervais.	Pierre le Picard.
18)	Serra.	*Typen für den Teufel.*	Hyene.	Caradrius.	Epeiche.
19)	Herizun.		Ydrus.	Pélican.	Paon.
20)	Gulpilz.		Chievre.	Perdrix.	Alérion.
21)	Onager.		Asne salvage.	Chamoi.	Aigle.
22)	Singe.		Singe.	Huppe.	Chouette.
23)	Cetus.		Fulica.	Phénix.	Sirène.
24)	Perdix.		Panthiere.	Cerf.	Huppe.
25)	Egle.		Cete.	Tourterelle.	Argus le vacher.
26)	Caladrius.	*Typen für Christus.*	Perdris.	Serre.	Phénix.
27)	Fenix.		Belet[te]. Serpent.	Belette.	Papegais.
28)	Pellicanus.		Ostrice.	Aspic.	Fourmi.
29)	Colom.		Turtre.	Ibis.	Autruche.
30)	Turtre.		Cerf.	—	Hérisson.
31)	Huppe.	*Typen f. d. Menschen.*	Salamandre.	—	Ibis.
32)	Ibex.		Coloms.	—	Renard.
33)	Fulica.		Paredixion.	—	Araignée.
34)	Nicticorax.		Olifant.	—	Basilic.
35)	Turrubolen.		Aimant.	—	Arbre qui produit des oiseaux.
36)	Adamas.	*T. f. Chr.*	--	—	Serpent.
37)	Unio.		--	—	Licorne.
38)	—		—	—	Griffons.
39)	—		—	—	Castor.

(Left margin grouping labels: Bestiae 18–25, Volucres 26–34, Lapides 35–37.)

Pierre le Picard (Fortsetzung):

40) Hienne.
41) Fulica.
42) Crocodille.
43) Chèvre.
44) Centicore.
45) Ane sauvage.
46) Singe.
47) Cygne.
48) Huéran.
49) Panthère.
50) Perdrix.
51) Lacovie.

52) Assida.
53) Touterelle.
54) Mésange.
55) Cerfs.
56) Salamandre.
57) Taupe.
58) Colombe.
59) Dragon, l'arbre pérédexion et les colombes.
60) Éléphant et mandragore.
61) Le prophète Amos.

62) L'aimant.
63) Loup.
64) Poisson essinus.
65) Chiens.
66) Le sagittaire et l'homme sauvage.
67) De quoi l'homme est fait et de sa nature.
68) Vautour.
69) Merle.
70) Escoufle.
71) Muscaliet.

Pierer'sche Hofbuchdruckerei. Stephan Geibel & Co. in Altenburg.